日本旅游文化概况

主　编　胡鸣
副主编　翁嘉

ZHEJIANG UNIVERSITY PRESS
浙江大学出版社

图书在版编目（CIP）数据

日本旅游文化概况 / 胡鸣主编 . — 杭州：浙江大
学出版社 , 2022.5
ISBN 978-7-308-22383-6

Ⅰ . ①日… Ⅱ . ①胡… Ⅲ . ①旅游文化—概况—日本
Ⅳ . ① F593.13
中国版本图书馆 CIP 数据核字（2022）第 040171 号

日本旅游文化概况

胡　鸣　主　编
翁　嘉　副主编

责任编辑	吴昌雷	
责任校对	王　波	
封面设计	周　灵	
出版发行	浙江大学出版社	
	（杭州市天目山路 148 号　邮政编码 310007)	
	（网址：http://www.zjupress.com)	
排　　版	杭州朝曦图文设计有限公司	
印　　刷	杭州高腾印务有限公司	
开　　本	710mm×1000mm　1/16	
印　　张	6.75	
字　　数	150 千	
版 印 次	2022 年 5 月第 1 版　2022 年 5 月第 1 次印刷	
书　　号	ISBN 978-7-308-22383-6	
定　　价	40.00 元	

版权所有　翻印必究　　印装差错　负责调换
浙江大学出版社市场运营中心联系方式：0571-88925591；http://zjdxcbs.tmall.com

前言

　　旅游不单是一种娱乐形式，更是一种文化的表现形式，只有理解了文化背景，才能在观赏大自然风光的同时，得到内心的启示。

　　中国出境旅游市场以其爆发式的增长速度正在成为全球瞩目的热点。近 10 年来，日本是最受中国游客喜爱的出境游目的地之一。根据日本观光厅统计，2019 年，来自中国大陆的游客的数量达到了 959 万人次。随着中日两国互动旅游时代的到来，帮助中国公民增涨日本文化、日本旅游的相关知识，解决旅行途中的困惑，增进中日民间的交流等显得尤为重要。

　　本教材从日本概况（国土环境与行政区划、政治与经济）、日本风俗习惯（节假日、日常风俗、传统祭日活动）、日本传统文化（茶道、花道、和服、戏剧、体育）、日本料理（传统料理、日本酒、点心）、日本的温泉（温泉文化、泡温泉的学问）、日本的生活（日本人的住行、教育、医疗、垃圾分类）、日本的创意（科技创新、流行文化、精致的商品）

等七个章节介绍日本的旅游文化概况，帮助读者更好地在日本旅游、学习、生活中理解、体验日本文化，与日本人打交道。

本教材的使用对象是高职高专院校日语专业学生，同时也可作为赴日本旅游、留学、经商的中国公民的参考用书。

本书的出版得到了多方面的支持与帮助。日本亚洲通讯社徐静波社长、东洋大学的荒川雪教授为教材的编写提供了素材。浙江工商大学东方语言与哲学学院的欧虹利、黄丽华、蒋琦洪同学以及浙江大学出版社的吴昌雷编辑为教材的出版做了大量的工作。借此一隅表示感谢。

浙江旅游职业学院 教授

胡　鸣

2021 年 12 月

目 录

第一章　日本概况　　　　　　　　　　　　　　　/ 001

　　第一节　国土环境与行政区划　　　　　　　　/ 001

　　第二节　政治与经济　　　　　　　　　　　　/ 005

第二章　日本风俗习惯　　　　　　　　　　　　　/ 011

　　第一节　日本的节日　　　　　　　　　　　　/ 011

　　第二节　日本风俗习惯　　　　　　　　　　　/ 016

　　第三节　日本传统祭日活动　　　　　　　　　/ 022

第三章　日本传统文化　　　　　　　　　　　　　/ 027

　　第一节　茶　道　　　　　　　　　　　　　　/ 027

　　第二节　花　道　　　　　　　　　　　　　　/ 030

　　第三节　和　服　　　　　　　　　　　　　　/ 034

　　第四节　舞台艺术　　　　　　　　　　　　　/ 040

　　第五节　传统体育　　　　　　　　　　　　　/ 045

第四章　日本料理　　　　　　　　　　　　　　　/ 049

　　第一节　日本料理简介　　　　　　　　　　　/ 049

第二节　传统日本料理　　　　　　　　　/ 051

第三节　日本酒文化与社交　　　　　　　/ 054

第四节　日式点心　　　　　　　　　　　/ 057

第五章　日本的温泉　　　　　　　　　　/ 062

第一节　独特的日本温泉　　　　　　　　/ 062

第二节　泡温泉的学问　　　　　　　　　/ 066

第六章　日本的生活　　　　　　　　　　/ 069

第一节　日本人的住与行　　　　　　　　/ 069

第二节　日本的教育　　　　　　　　　　/ 073

第三节　日本的医疗　　　　　　　　　　/ 079

第四节　垃圾分类回收　　　　　　　　　/ 082

第七章　日本的创意　　　　　　　　　　/ 085

第一节　日本的科技　　　　　　　　　　/ 085

第二节　现代日本流行文化　　　　　　　/ 092

第三节　精致的商品　　　　　　　　　　/ 096

第一章

日本概况

第一节　国土环境与行政区划

一、日本概要

日本国，简称日本，位于亚洲东部、太平洋西北。国名意为"日出之国"，领土由本州、四国、九州、北海道四大岛及 6800 多个小岛组成。总面积约 37 8 万平方公里，与中国云南省的面积大致相同。主体民族为大和民族，通用语言为日语，总人口约 1.25 亿（2021 年数据）。

日本的国旗在法律上称作日章旗，一般称作太阳旗，通常以樱花和菊花作为国花，国歌是《君之代》。由于日本法律并没有确立正式的国徽，按惯例以皇室御用的家徽十六瓣八重表菊纹（菊花徽章）作为国徽。日本内阁所使用的代表徽章"五七梧桐花纹"也常在国际场合及政府文件中作为国家的徽章使用。

日本资源贫乏，除煤炭、天然气、硫黄等极少量矿产资源外，其他工业生产所需的主要原料、燃料等都要从海外进口。不过，日本森林和渔业资源丰富，被

太平洋、鄂霍次克海、日本海包围的北海道是世界著名的大渔场，周边鱼的种类约有 700 种。日本在环境保护、资源利用等许多方面堪称世界典范。

日本是一个高度发达的资本主义国家，是世界第三大经济体，是 G7、G20 等成员国家，高度发达的制造业是其国民经济的支柱产业。日本的科研能力十分强大，航天、制造业、教育水平均居世界前列。此外，以动画、漫画、游戏产业为首的文化产业和发达的旅游业也是其重要的经济支柱。日本人重视传统文化的传承，至今保存着以茶道、花道、书道、相扑、歌舞伎等为代表的日本传统文化。

二、地理与气候

日本是一个太平洋西岸的岛国。西隔东海、黄海、朝鲜海峡、日本海，与中国、朝鲜、韩国等国相望。日本是一个多山的岛国，山地成脊状分布于日本的中央，将日本的国土分割为太平洋一侧和日本海一侧，山地占总面积的 76%，其中 66% 为森林面积，是世界上森林覆盖率最高的国家之一。日本大多数山为火山，富士山是日本的最高峰，海拔 3776 米，被日本人尊称为圣岳。

日本群岛地处亚欧板块和太平洋板块的交界地带，即环太平洋火山地震带，火山、地震活动频繁，危害较大的地震平均每 3 年就要发生 1 次。尽管日本仅占世界陆地面积的 1/400，但在全球 1500 座左右的活火山中，日本几乎占了 1/10。火山会因其大规模的喷发而造成巨大的危害，但同时也创造出大量的旅游资源。例如，日光、箱根和伊豆半岛等一系列旅游胜地便以其温泉和诱人的火山美景而闻名遐迩。

日本气候的一大特征是四季气候变化分明。冬季受源自西伯利亚的季风的影响，夏季受来自太平洋的季风的影响。日本属温带海洋性季风气候，6 月多梅雨，夏秋季多台风。全国横跨纬度达 25°，南北气温差异十分显著。绝大部分地区属于四季分明的温带气候，位于南部的冲绳则属于亚热带，而北部的北海道却属于亚寒带。1 月平均气温北部 –6℃，南部 16℃；7 月平均气温北部 17℃，南部 28℃。

三、行政区划

日本全国分为 47 个一级行政区，也就是常说的"都道府县"，分为 1 都（东京都）、1 道（北海道）、2 府（大阪府、京都府）和 43 县，下设市、町、村。

一般认为，日本的首都是东京，三大都市圈是东京都市圈、大阪都市圈和名古屋都市圈。主要城市有东京、大阪、横滨、名古屋、京都、神户、广岛、札幌、长崎、福冈等。

1. 东京——现代化国际大都市

东京是日本的政治、经济、文化中心，是世界有名的国际大都市，人口约 1400 万人（人口密度最高约为 6380 人 /km²）。东京是东京都市圈的中心城市，也是最大的工商业城市，主要工业有钢铁、造船、机器制造、化学工业、皮革、电机、纤维、石油、出版印刷和精密仪器等。东京的著名观光景点有东京塔、晴空塔、皇居、东京国会议事堂、浅草寺、上野公园与动物园、葛西临海公园、台场与彩虹大桥、代代木公园、日比谷公园、新宿御苑、明治神宫、池袋、涩谷、秋叶原、二重桥、隅田公园等。

2. 大阪——历史悠久的工商业中心

大阪市是大阪府的首府，是日本第二大城市，人口 275 万多人。地处本州岛西南部的大阪湾畔。大阪经济实力雄厚，仅次于东京，居全国第二位。大阪的著名观光景点有大阪城、环球影城、新世界、道顿堀、通天阁、心斋桥、海游馆、梅田蓝天大厦、四天王寺、天保山摩天轮、大阪城公园等。

3. 横滨——日本最大的海港城市

横滨市是仅次于东京、大阪的第三大城市，神奈川县的首府和政治、经济、文化、交通中心，人口 377 万多人。运输机械（汽车、船舶）、电机电器和食品加工是三大主要工业部门。其他工业有钢铁、炼油、化工等。横滨的著名观光景点有江之岛、横滨中华街、横滨地标大厦、三溪园、横滨八景岛海岛乐园、大栈桥国际客轮航站、山下公园、新横滨拉面博物馆等。

4. 名古屋——日本著名的大工业城市

名古屋市是爱知县的首府，人口 233 万多人。名古屋为中京工业带（指伊势湾沿岸一带的工业区）的核心，木材加工、毛纺和陶瓷工业居全国首位，汽车、钢铁、一般机械、金属加工、精密仪器、化学工业等也很发达。三菱重工、住友轻金属工业公司等都在此设厂。该市的爱知丰田汽车销售公司和松坂屋百货公司是全国闻名的大商业企业。名古屋的著名观光景点有名古屋城、热田神宫、名古屋电视塔、名古屋港水族馆、丰田产业技术纪念馆、德川美术馆、大须观音、日本乐高乐园等。

5. 京都——日本文化的摇篮

京都为日本故都，也称西京，是著名的文化游览城市，人口 146 万多人。京都市以国际文化游览城市著称，人口占全府人口的 60% 左右，在产业、文化等方

面也可谓京都府的代表。京都市以外的地区，主要经营农业和林业。京都的著名景点有鹿苑寺、伏见稻荷大社、清水寺、岚山、二条城、祇园、慈照寺、锦市场、京都御所、哲学之道、平安神宫、教王护国寺、天龙寺、龙安寺、圆山公园、京都塔、八坂神社、南禅寺、高台寺、岚山猴子公园、禅林寺、三十三间堂、平等院、东福寺、下鸭神社等。

6. 神户——日本著名的海港城市

日本港市和大工业中心，兵库县首府，人口 151 万多人。古代为交通、军事要地。（大）阪神（户）工业带重要中心。工业以钢铁、电子、机械、造船和食品为主。神户的著名景点有六甲山、明石海峡大桥、神户港塔、美利坚公园、神户布引香草园、南京町、摩耶山、神户市立王子动物园、北野异人馆街、生田神社、神武动物王国、神户港、港湾人工岛、相乐园等。

7. 广岛——新兴旅游城市

位于日本本州西南部，广岛县首府，人口约 119 万人。1945 年 8 月 6 日美国在此投下第一颗原子弹，造成了惨重的死伤。广岛为濑户内海工业带重要中心，有汽车、船舶、机床等部门。广岛的著名景点有严岛神社、原子弹爆炸圆顶屋、广岛和平纪念公园、广岛城、大久野岛、缩景园、弥山、大圣院、千光寺、红叶谷公园、耕三寺等。

8. 札幌——"多山雪岛"的北国城市

日本最北面的政令市（即政令指定都市，是日本基于《地方自治法》由行政命令指定的城市，有较高的自治权），北海道首府，人口约 197 万人，产业以畜牧业、渔场、啤酒而闻名。札幌的著名景点有大通公园、札幌电视台、札幌市钟楼、藻岩山、札幌啤酒博物馆、北海道神宫、定山溪温泉、北海道厅旧本厅舍、札幌市圆山动物园等。

9. 长崎——港口与造船基地

日本九州岛西岸港市，长崎县首府。人口约 40 万人。主要产业为工业、造船业，以及观光、水产和畜牧业。为远洋航运和渔业中心。长崎的著名景点有长崎新地中华街、长崎原爆资料馆、眼镜桥、荷兰坂、稻佐山山顶展望台、和平祈念像、观光丸等。

10. 福冈——古代中日交通要道

日本九州大城市，福冈县首府。人口约 161 万人。港口历史悠久，曾为与中国来往的重要口岸。第二次世界大战后经济迅速发展。工业有食品加工、电器、机械、印刷、纺织等。福冈的著名观光景点有福冈塔、大濠公园、博多港塔、栉田神社、博多运河城、海之中道海滨公园、福冈文学馆、福冈市动植物园、博多祇园山笠、福冈市博物馆等。

（注：以上人口数据均来自日本厚生劳动省 2021 年的人口动态数据调查。）

活动

1. 结合本节内容比较一下中国和日本在地理、人口、气候、环境等方面的异同，看看你能找出哪些共同之处和不同之处。

2. 查一下你的家乡的人口和面积，把你的家乡和日本的一级行政区划比一比。

3. 查一下以上出现的这些都道府县或城市与中国的哪些地方是友好城市。

4. 小组讨论后和大家分享一下你所知道的一个日本城市，查找资料介绍一下这个城市的特点以及旅游资源，并在地图上标出其位置。

第二节　政治与经济

一、日本的内政

日本为君主立宪国家，日本宪法规定"主权在民"，而天皇则为"日本国及日本国民的象征"。日本是世界上唯一一个宪法没有赋予君主任何权力的君主制国家。

日本政治体制三权分立：立法权归两院制国会；司法权归裁判所，即法院；行政权归内阁、地方公共团体及中央省厅。宪法规定国家最高权力机构为日本国会，分为众参两院。选民为 18 岁以上的国民。

1. 宪法

现行《日本国宪法》于 1947 年 5 月 3 日颁布实施。宪法规定，国家实行以立法、司法和行政三权分立为基础的议会内阁制；天皇为日本国和日本国民总体的象征，无权参与国政；"日本国民衷心谋求基于正义与秩序的国际和平，永远放弃把利用国家权力发动战争、武力威胁或行使武力作为解决国际争端的手段，为达此目的，日本不保持陆、海、空军及其他战争力量，不承认国家的交战权"（《日本国宪法》第九条）。

根据宪法，国家主权属于国民，日本最高权力机构和唯一立法机关为国会。内阁为最高行政机关，对国会负责。日本首相正式名称为内阁总理大臣，是日本

最高行政首脑。

2. 天皇

日本的皇室是天皇与皇族的统称。天皇是日本神道教的重要组成部分，是国家与国民整体的象征。日本天皇没有政治实权，作为国家象征被保留，他只是维护着国民对天皇的精神信仰，出席礼仪性外交事务活动和国家仪典等。日本皇室家徽为"十六瓣八重表菊纹"。

德仁天皇于 2019 年 10 月 22 日即位，是日本国第 126 代天皇，年号为"令和"。自即位以来，他努力拉近皇室与平民间的距离，作风更现代化。

3. 政党与内阁

战后日本实行"政党政治"，代表不同阶级、阶层的各种政党相继恢复或建立。目前日本执政联盟由自由民主党（自民党）和公明党组成，主要在野党包括民进党、日本维新会、众人之党、社民党和共产党等。

自民党是日本最大的政党，于 1955 年 11 月 15 日成立。60 多年来，自民党绝大部分时间控制着日本参议院和众议院的多数席位，曾连续单独执政长达 38 年之久。

内阁为国家最高行政机关，对国会负责，由内阁总理大臣（首相）和分管各省厅（部委）的大臣组成。内阁总理大臣由天皇根据国会的提名任命，其他国务大臣由内阁总理大臣任免，内阁总理大臣须在国会议员中提名，半数以上的国务大臣也必须是国会议员，内阁对国会负连带责任。

4. 议会

议会泛称国会，是最高权力机关和唯一立法机关，实行两院制，由众参两院组成，

2022 年 7 月之后众议院定员 265 人，参议院定员 248 人。众议院任期 4 年，参议院任期 6 年，每 3 年改选半数，不得中途解散。在权力上，众议院高于参议院。每年 1 月至 6 月召开通常国会，会期 150 天，其他时间可根据需要召开临时国会和特别国会。

5. 司法

日本的司法权属于最高法院及下属各级法院。法院的设置及审判程序采用"四级三审制"。"三审制"是指一个案件能够受到三次审判的制度。第一次为第一审，第二次为控诉审（第二审），第三次为上告审（第三审）。从第一审到第三审依次从下级法院到上级法院递进受理。四级是指法院的级别，最高级为最高法院，然后是高等法院，高等法院下面设有地方法院和家庭法院，地方法院下面还设有简易法院。

较为轻微的刑事案件（有期徒刑 3 年以下）或者诉讼额较低（低于 140 万日元）的民事案件可以在简易法院进行一审。青少年审判以及人事诉讼的一审可以由家庭法院受理。其他案件则在地方法院进行一审。

检察机构分为最高检察厅、高等检察厅、地方检察厅、区（镇）检察厅。

二、日本的外交

日本外交政策的基本取向是坚持以日美同盟为基轴，以亚洲为战略依托，重视发展大国关系。同时致力于稳定对韩关系，深化与东盟关系，加强对欧关系，改善日俄和日朝关系。日本是八国集团（八国集团的成员国包括美国、英国、法国、德国、日本、意大利、加拿大和俄罗斯）和亚太经济合作组织（APEC）成员，同时也是东盟中东盟十加三论坛的参与国。

1. 中日外交

1972 年 9 月 25 日，日本国内阁总理大臣田中角荣应中华人民共和国国务院总理周恩来的邀请访问了中华人民共和国。

毛泽东主席于 1972 年 9 月 27 日会见了田中角荣首相，双方进行了认真、友好的谈话。1972 年 9 月 29 日，中华人民共和国政府和日本国政府签署发表《中华人民共和国政府和日本国政府中日联合声明》，实现邦交正常化。

随着国际局势和中日两国国内形势的变化，1978 年 7 月中日缔约谈判在北京举行，经历多轮艰苦谈判后，中国外交部部长黄华与日本外相园田直于 8 月 12 日在北京正式缔结《中日和平友好条约》。

1978 年 10 月 23 日上午，《中日和平友好条约》批准书互换仪式在日本首相官邸举行，中国国务院副总理邓小平与日本首相福田赳夫出席，中国外交部部长黄华和日本外相园田直分别代表本国政府签署了"互换《中华人民共和国和日本国和平友好条约》批准书的证书"，互换了批准书的正本，《中日和平友好条约》正式生效。

1995 年 8 月 15 日，正值第二次世界大战日本宣布无条件投降 50 周年纪念日，时任日本首相村山富市发表讲话，承认日本过去实行了错误的国策，走了战争道路。他表示，要深刻反省历史、吸取历史教训，"必须把战争的悲惨告诉年轻一代，以便不再重犯过去的错误"。这一讲话被称为"村山谈话"。

2012 年 9 月 11 日，日本政府宣布所谓的"钓鱼岛国有化"，中国大陆、香港、台湾以及海外爱国人士纷纷举行游行抗议，此次游行成为新世纪以来，反日游行规模最大的一次，仅在中国大陆就有超过 180 个城市参加。

2018 年 10 月 25 日至 27 日，日本首相安倍晋三对中国进行正式访问。

2. 美日外交

在国际关系上，日本的最亲密盟友为美国，双方在 1960 年签署《美日安保条约》并生效至今。日本在美国"帮助"下，日益强大。现在的美日同盟是美国亚太战略的重要支撑，其调整变化对于地区局势产生了重要影响。

三、日本的经济

日本是当今世界第三大经济体，属自由市场经济体，其科研能力、工业基础和制造业技术在世界名列前茅。同时，日本还是世界最大的债权国，日本 2019 年净外部资产成长至纪录高位 365 万亿日元（约 3.4 万亿美元），使其连续第 29 年位居世界最大债权国。

日本经济自 20 世纪 60 年代开始了持续长达 30 年的高速增长，被誉为"日本战后经济奇迹"。而从 20 世纪 90 年代开始，由于过度投资所造成的资产膨胀以及证券和房地产市场的"泡沫化"，最终泡沫经济崩溃，被称作"失去的十年"。2002 年 2 月以来日本经济的不景气景象一直扩大，创下了战后最长的景气复苏期纪录，被称作"失去的二十年"。

日本经济的特点包括制造商、供应商和经销商的紧密结合、强大的企业联盟和对于雇员采用年功序列制与终身雇用制等。

1. 产业结构

（1）第三产业

日本的第三产业发达，尤其以处于世界领先地位的服务业而闻名。

服务业是日本第三产业的核心，在日本经济增长中起到了重要的推动作用，占日本 GDP 高达 70% 多。日本的服务业产值占 GDP 的比重始终保持着稳定的增加趋势，从事服务业的劳动力人口在不断增加，服务业销售额也呈不断增加趋势。与此同时，服务业的发展也促进了相关产业中服务的发展，促进了产业的升级和转型，带动了经济发展，促进了社会分工，提高了资源的利用效率，加速了消费需求的增长，创造了有效需求。可见服务业在日本经济中的重要作用。

截至 2020 年，日本有 217 家公司名列福布斯全球企业 2000 强，三菱 UFJ 金融集团、瑞穗金融集团和三井住友金融集团在世界金融界具有举足轻重的地位，是全球最大的海外贷款业者，东京证券交易所更是仅次于纽约证券交易所的世界第二大证券交易所。

日本动漫在日本第三产业中占有举足轻重的地位，是日本标志性支柱产业之一。动漫是日本文化艺术的重要表现形式，作品具有鲜明的民族特色，因此日本素有"世界动漫王国"之称。早在 20 世纪 60 年代，日本就是全球最大的动漫作品出口地，占据全球动漫出版市场 60% 以上的份额，在欧美国家的占比更是超过 80%。日本的动漫产业非常发达，无论是配音、音乐、画风等都是世界领先的，而东京的秋叶原也是世界首屈一指的动漫及电器集散地点。

另外，日本的航空运输业相当发达，日本航空、全日空、北海道国际航空、SKY（天马航空）四大航空公司为日本空中交通的重要标志。除此之外，日本水路交通也十分便利，全国各式港口中，被指定为重要港湾的超级中枢港湾包括"京滨港"（东京港、横滨港）、"名四港"（名古屋港、四日市港）以及"阪神港"（大阪港、神户港）。

日本于 20 世纪中期开始大力发展旅游业，经过几十年的发展，已经成为亚太地区主要旅游目的地以及国际游客的重要输出国之一。根据世界经济论坛（WEF）发布的《2019 年旅游业竞争力报告》显示，日本的排名与 2017 年上次调查相同，位居第四。持续增加的访日外国游客人数、文化资源和卫生等方面获得较高评价。在亚洲太平洋地区，日本的排名最高。2020 年受新型冠状肺炎病情影响，据日本国土交通省观光厅报告所示，赴日旅游人数相较 2019 年减少约 394.4 万人，对日本旅游业造成了巨大冲击。

（2）第二产业

日本的主要工业范围包括钢铁、汽车、造船、电子电器、化工、纺织和食品加工等，以电子电器产业和汽车工业为代表的制造业发展迅速。其电子机械市场基本上由日立、松下、索尼、东芝、NEC、富士通、三菱电机、夏普和三洋电机等九大制造商瓜分。

在日本发达的工业中，汽车产业一直是日本第一大经济支柱产业，占到整个工

业产值的近 40%。其产业链延伸到制造、销售、维修保养、材料等广阔领域，汽车及相关产业在日本国内提供了约 542 万个就业岗位，是支持日本经济的重要核心产业。日本是全球第二大汽车出口国。最具代表性制造业有丰田、马自达、本田、日产等。

（3）第一产业

日本属于岛国，属典型的人多地少国家，土壤贫乏，平原面积狭小，耕地十分有限，没有发展农业的先决条件。但日本的农业实行小型机械化，单位耕地产量世界第一。根据地理位置、气候、土壤条件和生产特点，日本可划分为北海道、东北、北陆、关东和东山、东海、近畿、中国、四国、九州等 9 个农业区。旨在因地制宜，产出流通全国乃至世界的物品的"一村一品"运动开展了几十年，所以虽然耕地面积小，但商品率奇高，达 95% 以上，部分达到 100%；加上日本农产品善于把品质、品牌、营销的效应叠加，在海外市场成为高端农产品代名词，眼下最有名的是越光米、富士苹果等农产品。

2. 对外贸易

外贸在日本国民经济中占有重要地位，从 20 世纪 50 年代开始确立了贸易立国的发展方针。日本是世界第四大出口国和进口国。主要贸易对象为中国（目前日本最大的贸易伙伴）、美国、澳大利亚、韩国等国家和地区。主要进口商品有原油、天然气等一次能源、原材料等，出口的商品包括汽车、半导体、钢铁、塑胶、化工产品等。

近年来，日本的服务贸易的比重也在不断增加。随着交通基础设施的完善和通信技术的不断发展，人员的跨境流动和信息传递变得容易，对外贸易中不仅是商品的贸易，服务贸易的重要性也在逐年上升。关于服务贸易，最直观的体现就在于提供跨境服务（越境贸易）和去国外时当地经营者提供的服务（国外消费），包括运输、旅游、知识产权的使用和其他咨询等。另外，通过在国外开分店或通过当地法人等据点提供服务等广义上也可以说是服务贸易。

> **活动**
>
> 1. 比较一下中日两国在政治和经济方面的异同。
> 2. 结合本节内容，了解一下近几年来日本的对外贸易政策和现状。
> 3. 课后调查一下日本的旅游业现状以及推行的政策方针，小组讨论其中的优缺点。
> 4. 设想假如你是日本某市政府的观光科科长，你会如何推动当地的观光旅游？

三分钟带你游日本。让我们一起来看看各式各样的日本风光吧，最吸引你目光的是什么呢？在接下去的学习中去进一步了解相关知识吧。

第二章

日本风俗习惯

第一节 日本的节日

日本作为一个历史悠久的国家，有着独特的文化资源，节日是日本文化的重要组成部分。日本的节日很多，几乎每个月都有节日。现在日本的节日包含 16 个法定节日（祝日）和 15 个民间节日。如大家熟知的元旦、国庆节、天皇生日等就属法定节假日，而像情人节、女孩节等则是民间节日。

一、国家法定节日

1. 元旦

1 月 1 日。日本的新年，类似我国的春节，是一年中最重要的节日之一。日本的新年休假一般从 12 月 29 日至 1 月 3 日。日本只过新年，没有春节，1 月 15 日前日本都算是新年。照日本的风俗，除夕前要大扫除，并在门口挂草绳，插上橘子。有不少人会在新年第一天去神社寺庙祭拜祈福，称为"初诣"。元旦早上吃汤年糕，此后连续三天则是吃正月的料理，祈求新年大吉大利。

2. 成人节

1 月的第二个星期一。庆祝年满 20 岁的青年男女成人自立的节日，各市、镇、村的行政机关会举行成人仪式的典礼。从 2022 年 4 月 1 日起，日本成年年龄从 20 岁下调至 18 岁。

3. 建国纪念日

2 月 11 日。据日本神话，神武天皇于公元前 660 年 2 月 11 日统一日本，建立日本国，故宪法上将这一天定为建国纪念日。

4. 天皇生日

2 月 23 日。日本德仁天皇的生日。

5. 春分

3 月 21 日前后。春分特指立春前一天。这天的传统食物是惠方卷，还有撒豆驱鬼招福的风习。一般是一边撒豆子一边说"鬼出去，福进来"。节日的主旨为"赞美自然，爱惜生物"。

6. 昭和日

4 月 29 日。昭和天皇裕仁的生日，其在位时被定为"天皇生日"，裕仁死后"天皇生日"被改到明仁天皇的生日 1 月 7 日。2007 年改为现称。主旨为"回顾经历动荡岁月后，最终实现了复兴的昭和时代，并思考国家的未来"。

7. 宪法纪念日

5 月 3 日。1946 年 11 月 3 日日本宪法颁布，1947 年 5 月 3 日日本现行宪法开始实施，遂把这一天定为纪念日。

8. 绿之日

5 月 4 日。绿之日最初是定在 4 月 29 日。其由来与"昭和日"有关。昭和天皇去世后，"天皇生日（4 月 29 日）"改为明仁天皇的生日 1 月 7 日，原本的黄金周因这一天的缺失而不再完整，考虑到可能会影响人们的生活，故将原来的"昭和天皇生日"改名为"绿之日"。2005 年法定假日法修订，将 4 月 29 日改为"昭和日"，将"绿之日"移到了 5 月 4 日，于 2007 年实行。因前后休息时间较长，这周被称为日本的"黄金周"。

9. 儿童节

5月5日。日本的儿童节也被称为"男孩节"。有男孩的家里会升起"鲤鱼旗"，摆放武士人偶，祝愿男孩子茁壮成长。节日的主旨为"重视儿童的人格，祝愿孩子获得幸福的同时，感谢母亲"。

10. 海之日

7月的第三个星期一。日本四面环海，为了感谢得自海洋的恩典，并祈祷能成为国运昌隆的海洋国家而制定。

11. 山之日

8月11日。日本多山，得到了亲近大山的机会，感谢大山带来的恩惠，于2016年起将8月11日定为"山之日"。

12. 敬老日

9月第三个星期一。以尊敬老人、感谢老人为宗旨，各市町村纷纷集会庆祝，并向老人赠送纪念品。

13. 秋分

9月的23日前后。节日主旨为"祭拜祖先，怀念已故之人"。

14. 运动节

10月的第二个星期一。纪念1964年在东京举行的奥林匹克运动会开幕式的日子。节日主旨为"热爱运动，培养尊重他人的精神，同时希望建成健康有活力的社会"。

15. 文化节

11月3日。明治天皇睦仁的生日，同时也是1946年日本宪法颁布的日子，1948年定为"文化节"，主旨是"提倡热爱自由平等，促进文化事业的社会原则。"

16. 勤劳感谢节

11月23日。此时正值收获的季节，为了表示对收获的谢意，而制定了以感谢劳动为宗旨的节日。

二、民间节日

1. 情人节

2月14日。在这一天，女孩送给自己喜欢的男孩巧克力，表达爱慕之情。在

公司里，也会送给周围的男性同事及上司"礼节性巧克力"。

2. 女孩节

3月3日。也称"桃花节""偶人节"，是日本各家各户庆祝家里的女孩健康成长和未来幸福的节日。节日期间，家里摆放日本的传统人偶，一般放在3层、5层和7层的台子上（在日本以奇数为吉）。

3. 白色情人节

3月14日。男性在2月的情人节时收到巧克力，在白色情人节这天还送饼干、小点心或者巧克力等礼物，以尽礼节。如果是自己心仪的女孩的话，就送一些特殊的礼物，表达心意。

4. 七夕

7月7日。来源于中国的牛郎织女的传说。在这一天日本人喜欢在街头、学校等各地摆放细竹枝，用彩色纸写下自己的愿望，挂在细竹枝上，以求梦想成真。

5. 盂兰盆节

8月15日。日本人用来祭奠祖先亡灵的节日，其活动持续多日。

6. 七五三节

11月15日。为年满3岁、5岁、7岁的男女儿童祝贺成长的民俗节日。

7. 圣诞节

12月25日。第二次世界大战结束以后开始在日本逐渐流行起来的节日。圣诞节吃肯德基则是日本独自发展出来的现代习俗。

8. 除夕

12月31日。日本的除夕夜，全国的佛教寺庙敲响新年钟声，这种仪式叫做"除夜钟"。钟声敲108下，象征108种世俗的欲念得到净化。然后，随着正月的庆祝活动拉开序幕，新的一年开始了。

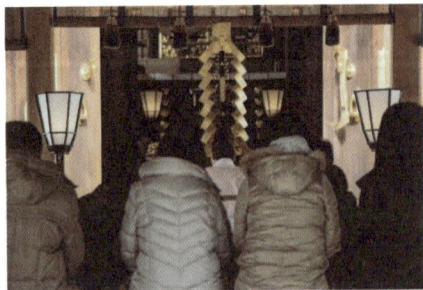

三、代表性的传统活动

1. 新年参拜

对于日本人来讲，新年是一年当中最

重要的节日。许多人都在这个时候制订新一年的计划。新年期间，人们收到亲戚朋友和熟人寄来的贺卡，叫做"年贺状"。新年初始，亲友团聚，大家相约同去参拜神道教或者佛教的寺庙，这种活动叫做"初诣"。如果去神道教的庙，人们会选择相对家庭来说处于"有利方位"的神庙。参拜的目的也是祈求丰收和家庭平安。

2. 赏樱花

3月末4月初，日本大多数地方的樱花盛开了。日本人民在樱花树下野餐，尽情游乐。从江户时期以来，在樱花树下野餐的习俗一直在日本普通百姓当中十分流行。

3. 观赏烟花

夏天整个日本的夜空点缀着色彩斑斓的烟花，全国各地许多地方都举行烟花表演。烟花表演经常是由计算机控制，其精确性和壮观效果可得到保证。在东京，沿着隅田川河的烟花表演，从江户时代起就非常有名。

4. 盂兰盆节

盂兰盆节是一年一度的迎接和安慰祖先亡灵的日子。据说，祖先的亡灵在这个日子来到家里。在这期间，许多公司和商店都休假，因为在异地工作的人都和家人一起回老家。如同在黄金周一样，这个时候交通会非常拥挤。

5. 年末聚会

年末聚会从12月开始，很多日本人喜欢在酒吧和饭馆举行年末聚会，叫做"忘年会"。这些聚会的用意是感谢人们的勤奋工作，忘掉不快，在年末尽情享乐。日本人非常喜欢这类聚会，不同年龄不同团体的人包括学生和公司雇员，都忙着策划安排这些活动。

活动

1. 你对于中国的节日有多少了解？你所知的在过节时的特殊习俗有哪些？与大家分享一下吧。

2. 罗列一下中国的节日，与日本的节日进行比较。看看中日节日的异同，讨论属于日本的独特习俗。以及思考一下日本的节日习俗中有哪些受到了其他国家文化的影响。

第二节 日本风俗习惯

一、冠婚葬祭含义

冠婚葬祭，原指现代社会的喜事和丧事，在日本特指自古流传的"元服""婚礼""葬礼"和"祭祖"四大仪式。

冠＝成人式

婚＝婚礼

葬＝葬礼

祭＝祭祖礼

二、成人式

1.成人节

日本的成人节源于中国古代的成人仪礼，日本古代的成人仪礼受到过中国"冠礼"的影响。所谓"冠礼"，指古时汉族男子成年时举行的一种加冠的礼仪。

1999年底日本政府宣布从2000年开始，把成人节的日期改为每年1月第二周的星期一。这一天全国放假，各地都为年满20周岁的年轻人举行祝贺仪

式。这天，进入 20 岁的年轻人一般都要穿上传统服装，到神社拜谒，感谢神灵、祖先的庇佑，请求继续"多多关照"。成人节是日本非常重要的传统节日之一。

日本相当重视成人节，因此在这一天，都会举行祝贺仪式。以前，祝贺仪式大都在家里举办，现在不少人的成人礼是在公司、学校或公共机关度过的。在这天，这些 20 岁的人的父母、同事、主管、同学、亲戚及朋友，都要向他们表示祝贺、并赠送礼品，而当事人也要表达感谢之意及发表未来的计划及理想。成人节标志着年轻人结束了受父母和周围大人保护的儿童时代，以后必须独立生活、担负起社会责任和义务。

2018 年 3 月 13 日，日本政府内阁会议通过民法修正案，2022 年 4 月 1 日起，将法定成年年龄从 20 岁下调至 18 岁。

2.成人式着装

一般情况下，女生穿长袖和服（振袖），男生穿西装。因振袖和服价格高昂，又只限未婚女性穿着，其适用场合也仅限成人礼与婚礼，故而成人式当天，很多人会选择租赁振袖和服。

而近年来，男生的穿着服饰逐渐发生变化，越来越多人选择穿花纹袴（和服的一种）。

3.成人式举办流程

地点：所在城市的政府机关的大礼堂内。

形式：大概 12 月末会有邀请函寄送至家里，告知活动具体事宜。

当日流程：

①凌晨起床，穿着和服到达预约的美容店完成妆容修饰并与家人合影，以作纪念。

②于规定时间，带上明信片来到举办会场，参加典礼。首先恭听市长和各个相关部门的代表人物的发言与"成人祝语"；然后，青年男女高声宣誓，踏入成人行列；紧接着是节目表演或者集体活动。

③典礼仪式结束后，与同学、朋友拍照留念或举杯喝酒庆祝。当天，社交媒体上到处都是成人礼相关的照片。

三、婚礼

1. 婚礼仪式

日本传统婚礼仪式大致分为神前式、佛前式、人前式、教会式四种。

（1）神前式

神前式结婚仪式起始于日本室町时代，是当时武官家庭最为盛行的一种结婚典礼。最显著的特点是礼节繁多。整个婚礼上最为重要的一道程序就是喝交杯酒。婚礼上男女双方需通过喝 3 杯交杯酒，每杯分 3 次喝光，以此盟誓相爱一生，白头偕老。然后再互相交换酒杯，给双方倒酒。整个喝交杯酒的过程则意味着男女双方喜结良缘的过程。神前式婚礼现今仍深受广大的日本年轻情侣的追捧。

（2）佛前式

佛前式婚礼是男女双方在佛像面前宣读婚约，向祖先报告两人结为百年之好，相守一生。在婚礼上进行玉串奉奠仪式时，必须由和男女双方血缘亲近的人主持。

最有特色的传统习俗，是婚礼上有一种叫"纸垂"的白色纸，需剪成又细又薄的纸条，然后把它缠在树枝上，有"招回已故亲人的魂魄，永保平安"之意。

（3）人前式

在人前式婚礼上，新人并非面对神佛而是面对父母、亲戚、朋友进行宣誓。新人在双方亲友的见证下许下相守一生的承诺，并一起宣读婚书，整个过程仅需10至15分钟。人前式就像是去掉宗教成分的教会式婚礼，尽管婚礼中的用词与音乐不使用圣经跟福音歌曲，但流程大致上是相似的，进场、交换戒指、掀头纱、接吻、互许终身、退场都会有。婚礼仪式虽然大部分沿袭了基督教的教会模式，但是形式更加自由，且因为人前式婚礼与特定宗教无关，所以各种宗教信仰的人都可以来参加婚礼。

（4）教会式

教会式婚礼始于明治维新之后，根据基督教的教派的不同又有所细分。起初，原则上只有信徒才能在教堂上举办婚礼，尤以天主教最为严苛。近来，这一限制渐渐被打破，即使不是信徒，只要在教堂里接受简单的培训，也可走进神圣的教堂同心爱的人喜结良缘。

2. 婚宴

日本人的婚礼因各地方的习俗不同而有所不同，因此各地的彩礼也有所不同。七品是传统包装的日本彩礼，包含白扇、白麻线、海带、鲣鱼干、寿留米、柳樽、彩礼钱。

参加婚宴的日本人一般都会向新人赠送祝仪金，类似中国的礼金。其金额5000~50000日元不等，这里需要格外注意的两点：

其一，礼金金额，要避开与4、9相关的数（因为日语中4和9的发音与"死"和"苦"相近）。

其二，礼金必须装在饰有金银绳的祝仪袋里。金银绳讲究五根金、五根银，将它们拧在一起编织成蛾的样子（因为蛾寓意"多子"）。

而宴席间的礼节，基本与中国婚礼一致，略有不同的是在婚礼的喜庆场合，忌说"去、归、返、离、破、薄、冷、浅、灭、重复、再次、破损、断绝"等不吉利或含有凶兆的词语。

3.传统婚礼礼服

在日本传统婚礼中，仪式上新郎新娘都会穿正式的日本传统和服。新郎会穿上黑色纺绸的内衫，仙台绫或博多绫的裙裤，再披上一件黑色的外褂，手持白色扇子。

新娘则有白无垢和色打褂两种服饰选择。白无垢是纯白和式大礼服。日本人认为白色是神的颜色，象征纯洁无瑕。白无垢搭配的白色棉帽取其"盖住棱角"之意，意味着女子婚后需收敛脾性，尊崇温良贤淑之德。白无垢内衬、罩衫、腰带包括配件小物全是白色的。新娘在婚礼上穿的白色丝绸和服原是18世纪和19世纪日本武士结婚时新娘所穿的礼服。白色既是新生活开始的象征，同时也意味着原有生活的结束，因为新娘已经不再是父亲的女儿，而是丈夫家的一名成员了。

婚宴上，新娘需换好几套衣服，其中尤以脱掉白色礼服，换上绣有吉祥图案（如仙鹤、花朵等）的华丽礼服，及换上另一套深色未婚少女穿的和服最具代表意义。前者更换服饰又名"色打褂"，有金、银、红三色，一般带有其夫家家纹，后者则是新娘最后一次穿这种式样的和服，意味着纯真少女时代终结，完成妻子身份转换。

传统的日本婚礼上，新娘的头发应该挽起来，用龟壳梳子束紧。

四、葬礼

日本是一个十分重视丧葬礼仪的国家，传统的丧葬礼仪至今仍很常见。日本人的葬礼注重安静有序，显得十分庄严、肃穆。

1. **葬礼仪式**

葬礼或告别仪式按死者信仰的宗教或个人遗愿，有各种不同的方式，如佛教仪式、神道仪式、基督教仪式、非宗教仪式等。无论哪个宗教都非常重视人死后的葬礼，庄严隆重的葬礼仪式在日本似乎被认为是挽救死者灵魂的最佳方式。因此当有亲人亡故时，无论采用何种丧葬仪式，丧家先要确定一位作为遗族代表的丧主，来负责治丧期间的事务，并组织代替丧主及遗族处理一切实际事务的治丧委员会。

在葬礼举行之前要进行通夜（守灵）仪式，家属以及死者生前好友聚集在死者遗体或者灵柩旁边，一起缅怀死者的生前事，一直到第二天的葬礼仪式。葬礼在"通夜"的次日中午举行。根据日本的法律规定，土葬、火葬必须在死者去世24小时之后举行。日本的传统葬礼大多是佛教仪式，多数是在斋场也就是殡仪馆举行，气氛庄严肃穆，有礼仪师专门主持，法师祈福诵经追悼亡灵，抚慰家属悲伤的情绪。仪式完毕之后在火葬场火化后下葬。

在葬礼仪式举办完毕之后，要举行亲朋好友向死者告别的仪式。死者家属为了方便前来的人认识路，都会在离家不远的车站、十字路口处放上一个写着"xx家式场"字样的白色旗子。前来吊唁的人一定要穿黑色礼服，系黑色领带，并且带上一份用祝仪袋包好的烧香钱，称为香典。

2. **答谢礼仪**

日本人在办丧事过程中及丧事完了之后，要向吊唁者、僧侣、神父、牧师以及其他帮助料理丧事的人表示感谢或回礼。如：对前来参加"守灵式"的人要设便宴款待；对僧侣，则根据诵经的次数、时间的长短等来付酬金，并装在写着"御

布料""御经料"纸袋中敬送;举行基督教葬礼时,使用教堂,事后要向其捐款,对牧师要另送酬金,纸袋封面要写上"御礼";对送"香典钱"(丧事礼金)的人,在葬礼完了以后,要向他们寄送感谢信,并回赠"谢礼钱"。

"谢礼钱"的数量一般为对方送"香典钱"的1/2或1/3。同时还要回送洗澡巾、被单、毛料、陶器、茶叶等礼品。

近几年也有采取不向个人而向社会福利机构捐款的形式表示感谢的。在这种情况下,收到"谢礼钱"的社会福利机构会寄回几封答谢信。收到答谢信的丧主及遗族需转寄给送"香典钱"的人,并附上自己的问候信。信中一般会写"承故人遗志,香典钱已转寄某某市福利协会,望答厚意"之类的话。

> **活动**
>
> 1.结合本节内容,比较中日两国在这些仪式上的异同,并谈谈你的感受。
>
> 2.假如你在日本要参加其中某个仪式,需要注意哪些方面?以小组为单位查阅资料并与大家交流。

第三节　日本传统祭日活动

日本是一个很喜欢举办祭典活动的国家,从北海道到冲绳,一年四季各个地方都在举办自己独特的节庆活动。在节日的当天,人们会穿上传统的服装载歌载舞,共同体验传统文化。其中最著名的三大祭典就是:京都祇园祭、大阪天神祭、东京神田祭。

一、三大祭典活动

1.京都祇园祭

祇园祭具有一千多年历史,是在京都八坂神社举行的祭祀仪式,也是三大祭祀中规模最大,历时最长的。因八坂神社以前被称作"祇园神社",所以就以"祇园祭"命名。

祇园祭的规模之大及热闹程度在日本所有庆典中都是数一数二的。京都更是几乎整个七月都在举行祇园祭。其最精彩的节目于7月17日在京都的主干道上演,豪华的游行队伍由大约30座名为"山矛"的花车组成。每座花车高6米多,两层结构,顶端插有类似长枪的高竿。由于高达6米的双层花车上布满了制作精美的雕刻品、印染品、纺织物等艺术品,故有"移动美术馆"之美名。

祇园祭的主要活动是"山矛花车游行"，"山矛"是指神灵所乘坐的"山车"和"矛车"（即各种巡游用的花车，山车是普通花车，矛车是在山车上载有小屋的花车）的总称，2009 年被联合国教科文组织认定为非物质文化遗产。祭礼中人们抬着神灵的山矛，向瘟疫之神敬礼、示威，祈求平安、健康。节日期间，在四处欣赏花车的同时，还可以购买用细竹做成的驱邪护符。

2. 大阪天神祭

天神祭每年在日本全国各地举行，属大阪天满宫的天神祭最有名。天神祭，祭祀"天满天神""学问之神"菅原道真，一般于每年 7 月 24-25 日举行（大暑过后两天）。每年 7 月的大阪河上，漂荡着张灯结彩的"宝船"，烟火绽放，众人狂欢。

天神祭在大阪的天满宫开始，天满宫也是整个祭典的中心。最大的看点是 3000 名民众穿着奈良平安时代（8-12 世纪）的宫廷服装，一起随着神轿缓缓前行的"陆渡御"，再分批乘上 100 多艘船，逆流而上的"船渡御"。届时船在河中走，观者岸上游，地上的篝火亮起时，天上的烟花也随之绽放开来，场面极为壮观，不少中外游客慕名而来。

3. 东京神田祭

神田祭源于神田神社，是为了宣扬江户总镇守"神田明神"的威名而举行的神田明神的祭礼。

目前，可知最早开始大范围举行神田祭的时间是在江户时代以后。据史料记载，在神社 9 月 15 日祭礼当天，"战国三杰"之一德川家康，统领大军在对战中获胜，建立江户幕府，实现日本"天下一统"。此后神田祭作为德川家缘起的祭祀，受后人重视。祭礼活动亮点是"神幸祭"。早上，神车从神社出发并一路前行，经过神田、日本桥、大手、丸之内和秋叶原等，周围跟随着穿着平安时代服饰的人。色彩艳丽的古风式队伍与市中心的街道形成鲜明对比，十分有趣。因考虑到节庆活动过于豪华铺张，故而规定在阳历的奇数年举行，偶数年的活动则规模较小。

二、各地特色祭日活动

1. 高山祭（岐阜县高山市 日枝神社）4 月 14-15 日

春季的山王祭与 10 月在樱山八幡宫举办的八幡祭合称高山祭，在日本堪称最华美的节庆活动之一。千人组成的游行队伍蔚为壮观，无论是身着的服装还是演奏的乐曲，都令人感觉仿佛又回到了 15 世纪。最有人气的是头戴插有鸟羽的斗笠、一边敲锣打鼓一边行进的"斗鸡乐"和身披狮子头道具跳的"狮子舞"。

2. 博多 DONTAKU 节（福冈市内）5 月 3-4 日

经过精心化妆的市民们敲打着木勺走街穿巷游行，并在各处的舞台及广场上翩翩起舞。恰逢黄金周长假连休，每年约有 200 万人前来博多参加 DONTAKU 节，是全国动员人数最多的祭日活动之一。

3. 浅草三社祭（东京浅草神社）5月第三周的周五、周六和周日

浅草三社祭在保留传统风貌的浅草举办，是东京具有代表性的神轿节庆活动。节日的 3 天时间里，每年都能迎来数十万名游客。肩扛几十座神轿的人们所表现出来的热情也非比寻常，其中还有全部由女性或孩子来扛的神轿。途中，可以看到神轿剧烈晃动的场面，这是喻意坐在神轿里的神灵的神力高升。周六中午时分，大大小小的神轿聚集于神社后，开始走街串巷游行。到了周日，队伍中会多出 3 座特大神轿，这些大神轿清晨 6 点从神社出发，再回到神社时已将近晚上 8 点。

4. 薪御能（奈良市）5月的第三个星期五、星期六

表演薪御能的户外舞台搭建在已被选入世界遗产的奈良"兴福寺"的草坪上，它是日本传统的音乐剧。能剧演员戴着涂漆的木制假面，身着雍容华贵的服装。笛子和大鼓奏出的音乐简单质朴，蕴含神秘的美感，这是能剧的特点。另外，表演当天，还可以看到古典喜剧"狂言"。狂言从前是在能剧表演的间歇时间上演的。与以歌舞为中心的能剧相比，狂言中有很多对白和滑稽的动作，因此常常引发观众的一片笑声。

5. 阿苏火节（熊本县阿苏市）3月

这是九州阿苏山附近的各镇举办的为期 1 个月的火节，与此同时，为保护牧草而放火焚烧草原的"烧荒"也在各地上演。火节的主打节目是 3 月的第 2 个周六、周日，在往生岳山上举行的"大火文字烧"活动。火苗燃起后，山腰上会呈现出长达 350 米的巨大"火"字。四周烧荒火势也逐步扩大，熊烈壮观的场面会一直持续到深夜，令人兴奋不已。

6. 德岛阿波舞（德岛县德岛市）8月 12-15 日

阿波舞的特点是随意性强，没有固定的模式，而且节奏欢快激昂。跳舞的人踏着大鼓、钲（念佛或祭祀时用的钟）、三味线（有 3 根弦的日本弦乐器）、笛子的节拍，男女分别组成方阵，沿街游行。

7. 山形花笠节（山形县山形市）8月 5-7 日

从十日町角到文翔馆前，在山形花笠节上，舞者们按不同集团穿着统一的服装，手持"红花（山形县的特产）"斗笠，在山形市内的主要街道上边走边舞（每年约有 1 万人参加歌舞游行）。

8. 宫岛管弦祭（广岛县）7月下旬至8月上旬（阴历六月十七日）

很早以前，日本的都城就有泛舟池塘或河流，在船上弹奏和欣赏管弦乐的优雅习俗，称作"管弦游"。在建造严岛神社时，将当时的风俗引入该地，以抚慰神灵。在濑户内海上举行的这项祭神仪式，逐渐演变成让人联想起贵族文化鼎盛的平安

时代优雅而富有活力的节庆活动，如今已发展成为"日本三大船祭神仪式"之一。

9. 秋田竿灯节（秋田县）8 月 3-6 日

竿灯节作为祈求五谷丰登的节庆活动，是秋田县具有代表性的夏季节日。所谓"竿灯"，是在长约 8 米的竹竿上，扎上数根横竿，上面挂上 46 个米袋形状的灯笼，顶端系上避邪的"御币（将剪成细条的纸用木签串在一起）"。节庆活动中，身穿"法被（衣襟短的上衣）"、头扎布巾、脚穿日式白袜和草鞋的年轻人，随着笛声和鼓点，轮番用肩膀撑起竿灯，一边注意不让灯笼里的火熄灭，一边沿街游行。撑起竿灯时绝不会用手扶，而是用腰、肩、额头等将竿灯竖直地扛起来，伴着豪迈的号子声，变换各种撑法，看谁技高一筹。

10. 隅田川花火大会（东京都台东区、墨田区）7 月的最后一个周六

据说烟花大会是从江户百姓在纳凉时欣赏烟花的习惯演变而来的，后来发展成为一年一度的节庆活动。7 月的最后一个周六，数万发烟花将夜空装点得五彩缤纷。观看烟花的最佳位置是流经东京市区东部汇入东京湾的隅田川周边，特别是浅草站附近，这里常会聚集大批观众。

11. 长崎九日（宫日）节（长崎县）10 月 7-9 日

长崎九日节是谏访神社的秋季节庆活动，距今已有 370 年的历史。最大的看点是"奉纳踊"，由名为"踊町（町相当于镇）"的承办町每年轮番展示舞蹈。

12. 秩父夜祭（埼玉县 秩父神社）12 月 2-3 日

秩父夜祭的主打节目在 3 日登场（2 日晚间进行的是被称为"宵山"的节庆前夜活动）。花车主要有两种：一种是在大伞之上装饰长枪形状武器及人造花的"笠矛"花车，共 2 台；另一种是制成小房子形状的"屋台"花车，共 4 台。活动中花车被抬往各地，到了下午，在"屋台"花车左右突出的舞台上，还会表演歌舞伎剧目。除此之外，烟花升空表演也是秩父夜祭不可错过的一大看点。

活动

1. 从这些活动中可以看出日本人有怎么样的个性品质？

2. 你对以上哪个活动最感兴趣，如果有机会去参加，你会如何做旅游攻略呢？查阅资料，向大家更为具体地介绍一下吧。

一起看看日本女儿节时重要的人偶是如何做出来的，在这样的制作中能够体会到什么样的匠人精神呢？

第三章

日本传统文化

第一节　茶　道

　　日本茶道源于中国，是日本一种仪式化的、为客人奉茶之事，原称为"茶汤"。茶道历史可以追溯到 13 世纪，最初是僧侣用茶来集中自己思想的方法，后来成为分享茶食的仪式。日本茶道是在"日常茶饭事"的基础上发展起来的，它将日常生活与宗教、哲学、伦理和美学联系起来，成为一门综合性的文化艺术活动。它不仅仅是物质享受，更多的主要是通过茶会和学习茶礼来达到陶冶性情、培养人的审美观和道德观念的目的。现在的日本茶道分为抹茶道与煎茶道两种。

■ 一、茶道精神

　　16 世纪末，千利休（1522—1592）继承、汲取了历代茶道精神，创立了日本正宗茶道，他是茶道的集大成者。茶道精神，意为通过一盏茶的品尝，将其中"道"的教诲铭刻于心。

　　茶道的"四规""七则"为茶道精神的丰富内涵奠定了基础。四规指"和、敬、清、寂"，意味着主人与宾客间应和睦互敬，茶室陈设与茶会的氛围应清新雅致。"和"指互相敞开心扉，友好相处；"敬"指互相敬畏；"清"指内心应同环境保持洁净；"寂"指无论何时，应定心不动。故而教诲人们与人相处应友善相待，以和为贵，互相尊重，对任何事情保持洁净之心，从而做到心不由外界所动。

　　"七则"为待客原则，指的是：在适宜的时候向客人呈上茶、为保持水温提前备好炭、用花装点展现环境自然美、保持冬暖夏凉体现季节感、余留充足时间静心不焦躁、不论晴雨备好雨具、时刻把同席客人放在心上。这也教诲人们做事

要推己及人，凡事应未雨绸缪、由表及里、从容不迫，待人接物应真诚。

■ 二、茶道的礼仪

　　茶道是一种通过品茶艺术来接待宾客、交谊、恳亲的特殊礼节。茶道不仅要求有幽雅自然的环境，而且规定有一整套煮茶、泡茶、品茶的程序。日本人把茶道视为一种修身养性、提高文化素养和进行社交的手段。

　　茶道品茶很讲究场所，一般均在茶室中进行。茶室面积大小不等，以"四叠半"大的茶室居多，小于四叠半的称"小间"，大于四叠半的称"广间"。茶室的构造与陈设，基本上都是中间设有陶制炭炉和茶釜，炉前摆放着茶碗和各种用具，周围设主、宾席位以及供主人小憩用的床等。

　　接待宾客时，待客人入座后，由主持仪式的茶师按规定动作点炭火、煮开水、冲茶或抹茶(用竹制茶匙按一定动作将茶碗中的茶搅成泡沫状)，然后依次献给宾客。

　　客人须先致谢，然后用右手端起茶杯，将其置于左手手心，用右手按顺时针方向将茶杯旋转2次，先饮一小口，随后慢慢饮尽。一杯茶大概分三口饮完。饮最后一口茶时，需发出轻微的声音，以表示饮完。饮完之后，用拇指轻轻拭嘴，然后用右手将茶杯逆时针旋转，将茶杯的正面花纹朝向自己的反方向。

茶道品茶分"轮饮"和"单饮"两种形式。轮饮是客人轮流品尝一碗茶，单饮是宾客每人单独品尝一碗茶。饮茶完毕，按照习惯客人要对各种茶具进行鉴赏，赞美一番。最后，客人向主人跪拜告别，主人则热情相送。

三、茶道道具

主要工具介绍：

炉	位于地板里的火炉，利用炭火煮釜中的水。
风炉	放置在地板上的火炉，功能与炉相同；用于5月至10月之间气温较高的季节。
柄杓	竹制的水杓，用来取出釜中的热水；用于炉与用于风炉的柄杓在型制上略有不同。
盖置	用来放置釜盖或柄杓的器具，有金属、陶瓷、竹等各种材质；用于炉与用于风炉的盖置在型制上略有不同。
水指	备用水的储水器皿，有盖。
建水	废水的储水器皿。
茶罐	薄茶用的茶罐。
茶入	浓茶用的茶罐。
仕覆	用来包覆茶入的布袋。
茶杓	从茶罐（或茶入）取茶的用具。
茶碗	饮茶所用的器皿。
乐茶碗	以乐烧（手捏成型低温烧制）制成的茶碗。
茶筅	圆筒竹刷，乃是将竹切成细刷状所制成。

除此之外，还有配茶的点心、茶室、茶园之类的准备工作，这些琳琅满目的茶具体现出茶道的仪式感和认真精细以及主人对客人的用心和热忱。

四、一期一会

日本茶人在举行茶会时均抱有"一期一会"的心境。这一词语出自江户幕府末期的大茶人井伊直弼所著的《茶汤一会集》一书。当茶事举行时，主客均极为珍视，彼此怀着"一生一次"的信念，体味到人生如同茶的泡沫一

般在世间转瞬即逝，并由此产生共鸣。于是与会者感到彼此紧紧相连，产生一种互相依存的感觉和生命的充实感，一种"一期一会、难得一面、世当珍惜"之感油然而生，这是茶会之外的其他场合无法体验到的一种感觉，体现了日本人的无常观。

日本茶道，是用一种仪式来向人讲述禅的思想：人必须先遵循一些规矩，修炼自己的本质，达到随心所欲而不越矩的处世境界。

活动

1. 了解日本茶道的发展历程，关注其中和中国文化的交流。

2. 比较日本茶道和中国茶艺之间的异同，谈谈你的感想。

3. 如果你被日本人邀请参加一次茶会，你觉得需要注意哪些细节？小组讨论后发表意见。

第二节　花　道

日本花道最早来源于中国隋朝时代的佛堂供花，传到日本后，因国情不同使之发展成如今的规模。先后产生了各种流派，各流派的特色和规模虽各有千秋，但基本点都是相通的，那就是"天、地、人"三位一体的和谐统一。这种思想，贯穿于花道的仁义、礼仪、言行以及插花技艺的基本造型、色彩、意境和神韵之中。

一、花道精神

花道并非植物或花型本身，而是一种表达情感的创造。花道通过线条、颜色、形态和质感的和谐统一来追求"静、雅、美、真、和"的意境。因此，从深处看，花道首先是一种道意，是逐步培养从事插花的人宽容有礼的修身养性的艺术。其次花道又是一种综合艺术，它采用了园艺、美术、雕塑、文学等人文艺术形式。花道还是一种技艺，可用来服务于家庭和社会。最后花道是一种易于为大众所接受的，可以深入浅出的文化活动。

插花并不讲究花材的数量和花的华丽。无论古今，在一些茶室里，只插上一枝白梅或一轮向日葵等简单的花草就能营造一种幽雅、返璞归真的氛围。另外插花的优劣还取决于插花的形态和不同的花材所呈现出的不同的精神。花道以花材用量少，选材简洁为主流。以花的盛开、含苞、待放，象征过去、现在、未来。

统一之美、残缺之美、枯寂之美，是日本传统的三大传统美学，亦是插花的原则和追求。

花道被当作针对四季的变迁、时间和变化进行冥思的一种形式。花道的宗教根源和它与生老病死的自然周期紧密关联，使得花道具备了深刻的精神内涵。日式花道提倡一种精神："待花如待人"，从一个人待花的态度上能看出他如何待人待己。

二、主要流派

花道自发展起，根据日本人自身的喜好、欣赏的角度和四季花草的不同等因素产生了两三千个流派。目前在日本花道协会注册登录的流派有 400 多种，最具有代表性的为池坊、小原流、草月流等。流派的构成以家元和宗家为中心，和花道几乎是同一时间诞生的。家元是指传承此流派的传统、作法，并拥有最高权威的人。一般来说，家元为血统世袭制。而宗家称为这一门的中心的"家"，也被称为当主或者本家。

1. 池坊

池坊是日本花道的代表性流派且被公认为是日本插花的本源，有五百多年的历史，也是唯一在名称上不加上流派字样的流派。技法主要分为立花、生花和自由花三种。

池坊立花是室町时代中期的池坊专庆创立的，是日本花道界最古老的流派，弟子约有 100 万人。究其历史可以追溯到隋代的佛教插花，即"供花"。"池坊"一词，现在是日本花道的代名词，其最初原是京都六角堂的僧房名，因专庆是这里的僧侣，故名为"池坊专庆"。当时的市民常常聚集在专庆的身边，以观看其插花。专庆也常常出入武家宅邸，为他们表演花艺。

2. 小原流

日本明治末年由小原云心创立的小原流，至今仍是日本花道具有代表性的流派之一，创造了"盛花"这一崭新的形式。

小原流崇尚"自然主义"，以重现自然美及展示植物属性为其特点，有时代感，风格清新。后期继承人小原光云一改前人一对一式教法，采用

集体招募并集体传授，产生了划时代的影响。小原流第四代时出现一种新的形式，叫"花意匠"。它使用的花材少、极为尊重花材的个性，适合在生活空间中应用。

3. 草月流

勒使河原苍风于1927年创立的新流派。1928年，苍风在银座千疋屋召开第一次草月流展，其"轻快时髦"的风格引起了人们的关注。战后，草月流也成为日本国内最有影响的花道流派之一。

草月流是花道中的"革命派"和"现代派"，他们主张自由大胆地使用花器和处理花材，着眼于现实生活，组织造型，将西方的艺术观点糅合于插花艺术之中。铁丝、塑料、玻璃、石膏等是他们常用的插花辅助材料。

4. 未生流

未生流由江户末期的未生斋一甫创立，以儒家的"天、地、人"三位一体思想为插花原理。未生流把插花称"格花"，以象征"天圆、地方"，因此，该流

派的基本花形多为直角等腰三角形。插花时，配上名为"体""留""用"的高、中、低三段枝，名为"三才格"。其作品明快、简洁。

三、花道类型

日本花道在不同的时代产生了各种不同的插花类型，一直持续发展到今天的有：立花、生花、盛花、投入花、自由花。

1. 立花

作为书院、壁龛的装饰花是室町时代池坊专庆创造的。使用的花材有松树、桃花、竹子、柳叶、红叶、扁柏等。之所以称为立花，是根据花草向上生长的姿势而采用的一种竖立式插花术，因此在插花时常用铁丝来调整花材的姿态，其意图在于再现一种风景。

2. 生花

使花保持生命力的表现手法，原来是针对生花使用。在江户时代中期，它作为接待客人的插花而产生，主要是放在壁龛上，生花使用的器具象征大地，与其说它是显示花草的局部美，不如说它是为了体现花草生长的生命力。品格高尚、色彩绚丽，姿态端庄是生花的特征。

3. 盛花

使用水盘或篮子，把花材插在名为"剑山"的器具上。明治末期，因为西洋花草的栽种和西洋建筑的增加，构思出这种不限于壁龛装饰花的插花术。其流派有小原流、安达式等，可以说盛花是现代插花的主流。

4. 投入花

把花枝按其自然的姿态插入深深的器具里，给人一种随意投入的自然感。这种插花法能够发挥美术性和独特的个性。通常有三种摆放方式：吊在壁龛上，挂在柱子上和放在壁龛上。投入花和生花一样起始于江户时代。

5. 自由花

不拘泥于任何形式和构图，素材和手法灵活多样。能够添加任何现代化材料，如铁丝、渔网、塑料等。它的特点除了色彩本位与自然本位外也很注重造型，是这三者结合起来的有现代化感觉的花形。草月流开创了自由花的先河，成为了日本第三大花道流派。它重视个性的表达，同时也从另一个角度挖掘花材的特性，因此深受现代人的喜爱。

活动

1. 请查阅资料比较一下中日花道的异同。你觉得会产生这些异同的原因是什么？

2. 以下四张图片，猜一下最有可能是属于哪个流派？

第三节　和　服

　　和服，又称"吴服""着物"，参考自中国汉唐服饰，后经日本历代修改，逐渐形成日本现代的和服式样，是日本传统民族服饰。时至今日，和服仍然深受日本人的喜爱。无论是庆祝儿童成长的"七五三"节，还是入学典礼、毕业典礼、婚礼、葬礼以及节日庆典等重大节日及场合，都常常可见身穿和服的人们。另外，高级宾馆的服务员常以和服为职业装，在举行花道、茶道等文化活动以及进行传统艺术表演中也离不开和服。现在许多到日本的外国游客也会选择和服体验，感受日本文化。

和服承载了近 30 项关于染织技艺的日本重要无形文化财产以及 50 多项日本经济产业大臣指定的传统工艺品。制作和服的越后上布、小千谷缩以及结城䌷更是录入了世界非物质文化遗产。

一、和服的种类

日本和服的种类很多，从夏日祭典上穿的休闲轻盈的浴衣，到在正式场合穿的昂贵、高质感的华美振袖和服等，不仅有男女和服之分，未婚已婚之分，而且有便服和礼服之分。女性和服款式多样，色彩艳丽，不同的和服腰带的结法也不同，还要配不同的发型。已婚女性多穿留袖和服，未婚女性多穿振袖和服。男式和服款式少，色彩单调，多深色，腰带细，穿戴也方便。

和服的种类主要有黑纹付、黑留袖、色留袖、振袖、访问和服、付下、色无地、小纹和服、丧服、婚服、浴衣、男士和服等。此外，根据外出的目的不同，穿着和服的图样、颜色、样式等也有所差异。

留袖和服	分为黑留袖和色留袖两种。黑留袖以黑色为底色，染有五个花纹，在和服前身下摆两端印有图案。黑留袖和服通常是已婚女性参加正式的典礼、仪式或是参加亲戚的婚礼时穿的礼服。色留袖是在其他颜色的面料上印有三个或一个花纹，且下摆有图案。已婚和未婚女性在上述场合均可穿着色留袖。	
振袖和服	又称长袖礼服，根据袖子长度又分为"小振袖""中振袖"和"大振袖"。小振袖用于参加晚会等可以较为随意穿着礼服的场合，袖子较短，穿起来也比较活泼可爱，在日本毕业典礼上经常会穿小振袖。中振袖穿上后大概到小腿的中间，是未婚女子最高格礼服，用于参加比如七五三、成人礼等非常正式的活动。大振袖也叫本振袖，袖长及地，非常华丽。常常被用来做婚服等正式场合，其中黑底的黑振袖被认为是最高贵的振袖。	

（续　表）

访问和服	整体染上图案的和服，特征是它从下摆、左前袖、左肩到领子展开后是一幅完整的图画。近年来，作为最流行的简易礼装而大受欢迎。朋友的宴会、晚会、茶会等场合都可以穿，且没有年龄和婚否的限制。	
小纹和服	采用碎小花纹的工艺制成，因此配以这类纹样的和服被命名为"小纹"。但现在这种定义已有所改变，无论图案的大小，只要是有反复印染纹样的和服，都统称为"小纹"。因为很适合用于练习穿着，所以一般作为日常的时髦服装，在约会和外出购物的场合常常可以看到。小纹和服也是年轻女性用于半正式晚会的礼服。	
丧服	包括腰带在内全部为黑色，参加丧礼时穿。	
婚服	婚时穿的礼服。一般是神前婚礼时穿的礼服，也是和服中最为华丽的服饰，色调以红白为主。	
浴衣	在日式旅馆中，浴衣是常见的衣着。浴衣亦常见于日本夏季期间各地烟花大会或祭礼活动时。在色彩和花式的搭配上，蓝底、紫底与白底是最常见的，配以金鱼、烟花、蝴蝶等可爱的图案，都尽量体现夏天清凉的感觉。	

（续　表）

男式和服	以染有花纹的打褂和袴为正式礼装，即纹付羽织袴。除了黑色以外其他染有花纹的打褂和袴也只作为简易礼装，可以根据需要进行服装搭配。	
素色和服	除黑色以外的单色和服，如果染有花纹可以作礼服，如果没有花纹则作日常时装服。	
付下和服	袖子、前后身、领子的图案全是由自下而上的方向印染而成的和服总称。比访问和服更轻便舒适。	
十二单	古代妇女进宫或节会时所穿的盛装礼服。分为唐衣、单衣、表着等，共十二层。	

二、和服穿着配饰

1. 各色腰带

腰带几乎可以说是和服上最重要的配件。初次购买和服的人可能会诧异于一条腰带的价格居然能和衣服的价格差不多，不过当你深入了解之后，你会发现和服的腰带确实有很多学问。

以使用人群分，可以分为：女子用腰带、男子用腰带、儿童用腰带；以素材分，可以分为：绢、木棉、麻、化纤、交织、纸；从品格分，可以分为：礼装用（丸带、袋带、角带）、略礼装 / 盛装用（袋带、角带）、打扮搭配用（袋带、名古屋带、昼夜带、角带）、日常服用（名古屋带、半巾带、昼夜带、兵儿带）；以带宽幅分，除了 30 厘米左右的普通带之外，还可以分：九寸带（名古屋）、八寸带（名古屋）、半巾带。

（1）丸带

女式和服最初使用的带子，其正面里有花纹，华丽而不失典雅。

（2）袋带

宽八寸，正面有花纹，底面是素色，是日本最流行的带子。其中一种织入锦线或金线的带子可与礼装搭配，其他染有轻快图案的带子则用于时装服。

（3）名古屋带

太鼓的两端分别连有两条较细的带子，这样系起来既舒适又方便。

（4）半中带

带宽只有普通带子的一半左右，没有里衬，也不用细绦带，可以根据自己的喜好来打结。

2. 主要配饰

带板	又叫"前板"，顾名思义为穿戴腰带时，置于腰带内侧，防止腰带起皱的厚纸板。
带枕	装饰和服背面腰带结的辅助小物件。和服背面酷似枕头的腰带结通常为"太鼓"。
胸纽	为了牢牢整合衣领前襟的带子，绑在胸部下方。在系胸纽之前，要认真检查衣襟是否对齐。同样，腰部还有"腰纽"。
比翼	留袖上的一种特定的装饰，为的是让和服两层缝能看得出来。比翼规定装饰在袖口、领、衽以及从腋下到袖下开口部分。丧服不能用比翼。
足袋	和服的袜子要求完全选用白色，四个脚趾套在一起与大脚趾分开。
下驮	即木屐，穿浴衣时，光脚穿下驮。下雨时，木屐要套上防雨防泥的木屐罩称为"雨下驮"。
衬裙	衬裙的作用主要是防止裙子弄脏和保暖。面料选用纺绸、绉织物、尼龙等。
半领	也叫衬领。主要功能是防污。
草履	正装和服专用鞋。材质为布、皮革等，种类各异，跟高也不尽相同。通常出席宴会选择的材质为金线或银线，而参加葬礼则需穿着单一黑色的低跟草履。
手提包	重要附属品之一，在选用面料、花色上同样要求与和服配套。礼服用的手提包通常是以佐贺锦、博多织、织锦作为面料。作为外出时携带的手提包，一般都是选用漆皮和皮革作为面料。
带扣	固定住腰带的装饰小物，作用同带缔。装饰在腰带中央部位，材质从木雕到宝石等，种类繁多，为增添华丽感的物件。
发饰	选择发饰要注意使用的场合，像穿振袖之类的华丽和服，选择发饰也就要花哨些；若是穿丧服则要避免戴珊瑚、翡翠之类的发饰。

三、穿着方式

穿和服的时候需要遵守规定的顺序。穿和服之前，首先要穿衬衣和袜子。接着将和服背部的接缝对准脊椎骨中心线披上。然后将和服右半部拿到左侧，将身体包裹。接着将左半部拿到右侧，和服应该是重叠的形式。尤其要注意的是衣领左襟右衽（右衽的意思是左襟盖在右襟上，从别人看来衣领呈 y 字形），相反的话则为死者的穿法。

下摆需调节至脚踝稍稍露出的长度。和服是由长度有富余的布料做成的，因此根据身高和体型进行长度调整是重点。腰部附近多余的布料折弯后，在其下部从前面开始绕上腰绳，在背部交叉再次绕到前面系好。

绑好腰绳后，将腰绳外面的布料整理平整。接着在腰部缠绕伊达缔（穿和服时的辅助用品）、在正面系好。将腰带缠绕于腹部周围后，将多余的布打结成喜爱的形状。打结程序非常复杂，最近也有贩卖事先将形状制作好的腰带，非常方便。

将和服穿好之后，可以选择用带扬、带缔等装饰在腰带周围。最后是鞋，可以根据穿着和服的不同，有休闲或正式场合的选择。与和服搭配的传统盘发也是不容错过的一大重点。

活动

1. 作为日本的传统服饰，和服会在哪些场合穿呢？结合本节内容，大致归纳一下应该在什么场合下穿什么样的和服。

2. 和中国的传统服饰文化相比，和服有哪些异同点呢？简单谈谈你对穿汉服的看法。

3. 假如要自己穿和服，你觉得需要注意哪些细节？

第四节　舞台艺术

日本的传统舞台艺术中具有代表性的有歌舞伎、能乐、狂言、雅乐等，而演艺中则有落语、漫才等。

一、歌舞伎

歌舞伎是日本典型的民族表演艺术，也是日本的传统艺能之一，起源于 17 世纪江户初期。当时出云地方一个名叫阿国的巫女来到京都表演一种狂舞，配以当时的民谣"小歌"，以后由年轻女子表演，称为"女歌舞伎"。后流行于妓女当中，被统治者明令禁止，于是改由男扮女装表演，称为"若众青年歌舞伎"。17 世纪中期又一度被禁。后经改进，艺人将这种歌舞与科白（演员的做派和台词）结合起来，发展成为一种多场次的大型古典剧，成为德川时期最主要的剧种。

经过 400 多年发展，古典化的歌舞伎已经成为日本传统国粹文化的代表，演员只有男性。歌舞伎在日本国内被列为重要无形文化财产，也被联合国教科文组织列为非物质文化遗产。

　　现代歌舞伎的特征是演员服装与化妆华丽，布景精致，舞台机关复杂。在历史上以写歌舞伎剧本闻名的日本作家近松门左卫门，被称为"日本的莎士比亚"，其数十本歌舞伎剧作，成为日本文学史的宝贵遗产。歌舞伎实行宗家制度，历代名优都是家系相承，日本著名的歌舞世家有市川家、中村家、尾上家、松本家等，这些歌舞伎演出世家对歌舞伎的发扬光大起到了巨大作用。

二、能乐

　　能乐在日语里意为"有情节的艺能"，是最具有代表性的日本传统艺术形式之一。广义上，能乐包括"能"与"狂言"两项，两者总是在同时同台演出，前者是极具宗教意味的假面悲剧，后者则是十分世俗化的滑稽科白剧。

　　能乐的一出戏有主角一人，称为"仕手"，戴面具着锦衣华服，有时带副主角"连"（为主角配戏者）上场。主要配角　人，称为"胁"，有时带副配角"胁连"（为配角配戏者）上场。

　　另外还有一些陪衬的角色，如小生（又称为"子方"，类似于中国京剧中的"龙套"，但和龙套不同的是，日本允许有台词。

　　所有的能乐演员都是男的，如扮演女性就戴假面。此外，在能乐的表演中还存在着"间"的角色，其作用是帮助观众了解故事背景，并使剧情顺理成章地过渡，把戏引向高潮，称之为"狂言"，又因其出现在前后场的关节上，所以称为"间狂言"。

　　能乐舞台的规格在江户时代中期才固定下来的，是以江户城本丸的舞台为基准的。至于能乐发展的初期则无所谓舞台，能乐的演员曾在门板上表演过，也曾在草草搭建的草棚中表演过。而成熟时期的舞台则借鉴了"田乐"的舞台形式。"田乐"的舞台两边各有一个走廊，形成一个 V 字形，能乐则只保留了左边的走廊。

三、狂言

能剧和狂言属于两种不同的戏剧类型形态。能剧表现的是一种超现实世界，其中的主角人物是以超自然的英雄的化身形象出现，由他来讲述故事并完成剧情的推动。狂言则是以滑稽的对白、类似相声剧一样的形式来表演。需要注意的是，无论能剧还是狂言，剧本所采用的语言均为中世纪时的口语。狂言作为庶民的戏剧，主要的目的是娱乐，因此是喜剧，也是笑剧。从狂言当中所反映出来的这种对人生对社会的态度和观念，在我们今天看来，已经成为一种"历史意见"。

1. 表演特性

与能剧相比，狂言表演者在上台表演时是很少戴面具的，而相对的角色面部表情变化较之更为丰富，有二十几种之多。狂言的面具主要分为四类：武恶（用来表现鬼）、乙（用来表现年轻的女子）、猿（用来表现动物）、空吹（用来表现精灵）。

狂言的服装大多是中世纪日本的日常服饰，贴近一般平民穿着。比较有代表性的就是肩衣、狂言和服裤裙、襦袢和衬袄。狂言服装在肩衣方面的设计是以兽头、蜗牛等大胆设计化为特征的，女性的服装在设计上用金线刺绣加以点缀。

狂言虽然是科白剧，但在表演时也加入了相当多的音乐成分。常用乐器为笛、肩鼓、日本鼓等。

2. 道具布景

狂言中大的道具只有樱花树、大屋台和"冢"等几种。在小道具里，带盖子的木桶使用范围宽泛。另外扇子和其他诸如短刀、竹杖之类的小道具，在表演中频繁使用，从而衬托显现出狂言表演时的独特气氛。

四、雅乐

雅乐意指"雅正之乐"，是日本兴盛于平安时代的一种传统音乐，也是以大规模合奏形态演奏的音乐。乐曲以器乐曲为多，至今仍是日本的宫廷音乐，是现存于世界最古老的音乐形式之一。

1. 历史演变与价值

雅乐大约从 1200 多年前传入日本，融合中国的唐乐、朝鲜的高丽乐（独乐）、百济乐、亚洲其他古代音乐以及日本传统的本土音乐结合而成，是一种混合多种文化的音乐艺术。

15 世纪日本发生了应仁之乱，开启了战国时代，雅乐的传承中断，直到德川幕府召集乐师后裔重新编组，间有 100 年有余的断续，为此平安时代的雅乐形式被留存到什么程度，至今仍是一个疑问。

作于室町时代的《体源抄》，是现存的六种雅乐曲调依据，为雅乐最重要的史料，与镰仓时代的《教训抄》、江户时代的《乐家录》并称为三大乐书。

雅乐的管弦乐奏被认为是保留着世界上最早的交响乐队形式，由舞蹈和音乐构成，被称为是世界上罕见的传统演艺。日本的雅乐在宫廷及神宫中，得以保存整理成为当时日本式的雅乐，且原封不动地留存传承，是非常罕见的。这或与历代统治者的重视和提倡以及日本民族的传统是分不开的。

2. 分类

（1）国风歌舞（本土的古传节目）。代表作有《神乐歌》《东游》《大和歌》《久半歌》《大歌》等。其中的《神乐歌》是雅乐中最神秘庄重的节目，为历代宫中举行最高祭殿仪式时所采用。

（2）外来乐舞（国外输入的节目）。主要有唐乐和高丽乐。唐乐有管弦合奏曲和舞乐伴奏曲。

（3）歌舞（日本平安时代的歌曲）。专为贵族演奏的声乐曲。既有在歌词中吸收了古日本民歌的"催马乐"，也有以汉诗为歌词进行歌唱的"朗咏"等。这些音乐才是在宫中"御游"时和贵族宴会时演奏的音乐。

■ 五、落语

落语不管是表演方式还是表演内容都与中国的单口相声相似。

日语的"落"是指抖包袱，落语最精彩之处就在于段子最后的"落"。表演者身着传统和服，手持折扇，跪坐于蒲团之上，依靠幽默诙谐的笑话和惟妙惟肖的表演制造笑料。

日本关根默庵所著的《江户之落语》曾这样描述落语的魅力："一碗白汤，一柄折扇，三寸舌根轻动，则种种世态人情，入耳触目，感兴觉快，落语之力诚可与浴后的茗香熏烟等也。"

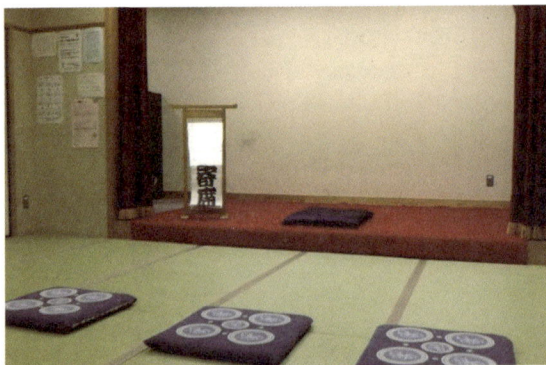

落语是单人表演，通过话语和动作讲述故事，传达一定的人生道理。"漫才"则是双人表演，表演者穿上自己特定的行头（有的漫才表演者的服饰相当夸张），相互插科打诨，有时甚至伴有非常激烈的肢体动作。

集中表演落语的小剧场被称为"寄席"。每年的7月夏日，一年一度的"大银座落语祭"在日本最繁华的银座街头举行。喜爱落语的日本人摇着团扇，聚在一起享受快乐。经典段子有《荞麦面》《动物园》《秋刀鱼还是目黑的好》等。

活动

1. 对比中日两国的常见舞台艺术形式，有什么样的异同？

2. 如果你有机会去日本欣赏某种舞台艺术，你会选择哪个？为什么？

第五节　传统体育

日本的传统体育项目中有柔道、相扑、弓道、剑道、合气道、空手道等。为了增强国民体质，2010 年 8 月 26 日日本文部科学省提出了体育立国的战略。

一、柔道

柔道由柔术演变发展而来，是一种以摔法和地面技为主的格斗术，属日本武术中特有的一科，故日本素有"柔道之国"的称号。

柔道是一种对抗性很强的竞技运动，通过把对手摔倒在地而赢得比赛，也是奥运会比赛中唯一允许使用窒息或扭脱关节等手段来制服对手的项目。柔道的攻防技术分为投技（摔掷使对手跌倒的技巧）、固技（对手跌倒后，限制对手行动），以及防身自卫击打对方的挡身技。挡身技是通过攻击对方的要害，给对方带来巨大痛感的攻击招式，其中包括一些踢打动作。出于安全考虑当代柔道比赛中已不准使用挡身技。

柔道比赛按运动员体重分为 8 个级别。一场比赛的时间：男子为 5 分钟，女子为 4 分钟。比赛设 3 名裁判员，主裁判在场上组织运动员进行比赛，并评定技术，宣布胜负。根据运动员使用的技术，按其效果和质量评为 4 种分数：

（1）"一本"

比赛时出现以下四种情况的一种，施技一方将获得"一本"得分：一方选手控制对方并用投技以相当的力量和速度把对方摔成大部分背部着地状态时；在"压技"时，一方把对方控制住，在 25 秒钟以内对方不能摆脱控制时；比赛的一方用手或脚拍击垫子或对方身体两次或两次以上，或者喊"输了"时；当比赛的一方使用绞技或关节技，充分显示出技术效果时。

（2）"技有"

比赛时出现以下两种情况的一种，施技一方将获得"技有"得分：一方选手控制对方并用投技摔倒对方，但技术效果在评判"一本"的三个条件（相当的力量和速度把对方摔成大部分背部着地状态）中有一项不足时；在"压技"时，一方把对方控制住，在 20 秒钟以上不到 25 秒钟对方不能摆脱控制时。

（3）"有效"

比赛时出现以下两种情况的一种，施技一方将获得"有效"得分：一方选手控制对手并用投技摔倒对方，但技术效果在评判"一本"的三个条件中有两项不足时；在"压技"时，一方把对方控制住，在15秒钟以上不到20秒钟对方不能摆脱控制时。

（4）"效果"

比赛时出现以下两种情况的一种，施技一方将获得"效果"得分：一方选手控制对手并使用投技有速度、有力量地把对方摔成一个肩或大腿或臀部着地时；在"压技"时，一方把对方控制住，在10秒钟以上不到15秒钟对方不能摆脱控制时。

一场比赛中未得一本时，则按技有、有效、效果的多少评定胜负。但是1个技有可以胜过所有的有效和效果。1个有效胜过所有的效果。如果双方得分相等，则根据比赛的风格、进攻次数来判定胜负或平局。

柔道服为白色长袖上衣和白色长裤。系腰带、赤足。衣袖宽大，袖长略过前臂中部。衣长为系带后能覆盖臀部。裤长略过小腿中部。腰带长度为围腰两圈，束紧打扁结，两端各余20~30厘米。一方系红色带，一方系白色带，以示区别。女子柔道运动员要在柔道服内穿白色短袖圆领衫。

1884年设立柔道段位制。共分为十段五级，以腰带颜色来表示段位。初段到五段的腰带为黑色，六段到八段为红白相间，九段到十段为红带，五级由低级到高级颜色分别是：咖啡色、蓝色、绿色、橘色、黄色；未进入级数的新手为白带。目前世界上只有极少数人到达红带的段位，但是在大型运动会上为了便于分辨，往往规定一方系白色腰带、一方系红色腰带。

二、相扑

相扑为日本的国技，古称素舞，由两名大力士裸露上身互相角力，是一项专业竞技项目，现为日本国际性的格斗术和体育运动。

从17世纪起，日本各地兴起职业性相扑，称为大相扑。18世纪开始形成现代的相扑。到20世纪初期，相扑作为日本的"国技"广泛开展起来。至今日本的相扑比赛每年都要举行6次，分为一月场、三月场、五月场、七月场、九月场和十一月场，成为群众最喜爱的运动项目之一。

相扑运动员一般被称为"力士"，不仅要有气力，而且还要有熟练的技巧，技巧是决定比赛胜负的关键。技术大致分为推、摔、捉、拉、闪、按、使绊等。运动员主要用颈、肩、手、臂、胸、腹、腰、膝、腿、脚等部位，灵活运用各种技术相互进攻。相扑最高等级是"横纲"，下面是大关、关胁、小结、前颈，这四个等级被称为"幕内"，属于力士中的上层。再次是十两、幕下，除此之外还有更低级的三段目、序三段，最低一级叫序口。一个普通力士要想获得较高的等级是需要花费很大气力的，不经过艰苦努力，就想获得最高的等级，是不可能的。十两以上 6 级运动员的发型和腰带的质量与幕下以下 4 级不同，十两以上 6 级运动员比赛时，有入场式，穿化妆围裙。

相扑比赛在 40~60 厘米高、边长为 670 厘米的正方形土台上进行，土台中央比赛场地是圆形的，直径为 455 厘米，场地北面为正面。场上有顶篷，四角悬挂黑（西北）、蓝（东北）、红（东南）、白（西南）4 种颜色的彩布，象征四季。赛前，需要进行体格检查。运动员梳好发髻（3 段以下的运动员不结发髻），系好腰带和兜裆（运动员裸身，只系宽大的腰带和兜裆），在台子东西两侧专门放置的水桶内取"力水"漱口、润喉。然后用"力纸"擦试身上的污秽。抓些盐撒在比赛场上，以便使场地清洁，皮肤擦伤不易感染，并祭祀天地，祈求安全。在裁判员鼓打香尺，号召相扑力士出场比赛后，双方上台，走到中央相距 60 厘米处，相对站立，各自作抬腿踏脚、搓手拍掌等准备活动。再两手接触地面，调节呼吸，准备进入比赛。比赛时，能使对方身体任何一部分着地（除两脚掌外）即为胜利。能使对方身体任何部分（包括手、脚）触及界外地面亦为胜利。相扑裁判用扇子指向的一方为胜者。比赛没有时间限制，如果双方经过长时间角斗，精疲力尽而胜负未分时，裁判可以宣布比赛暂停，休息后再重新开始比赛，直至决出胜负。

相扑中所用的胜负表被称为"星取表"，用黑或白的记号来表示比赛胜负。一般白圆圈（○）表示胜出，黑圆圈（●）表示败北，平局则用 × 表示，因一方受伤而成为平局用△表示，未出场用や表示。

三、剑道

剑道，是传统的竞技性器械武术。"剑道"一词源自我国的《吴越春秋》，并于隋唐时期流传到了日本。

比赛通常在室内进行，因选手赤足，因此对场地木地板的质量有较高要求。

选手一对一进行比赛，双方均穿剑道服，戴护具，持竹剑，按规则相互击打有效部位，由裁判计点数判胜负。亦可举行团体比赛，由选手数相等的团体双方分别一对一决出胜负后计算总分。

剑道的服装十分重要，服装是剑道中"礼"的一部分。剑道服装分为上下身两个部分：上身剑道衣以及下身的袴，一般为靛蓝布棉质材料。其次是用具（剑道不使用真刀，在对练时使用竹刀，但却象征着真刀）。竹刀、木刀，是剑道最基本的用品之一，竹刀会根据形状、重心分布等区别划分为多个不同类别，品质也会因竹片本身的因素而各有差异。木刀一般只用于练习，从中让练习者体会刀的使用方法，不会用于实战。剑道的护具从上到下由四部分组成。

剑道的有效打击部位为面部（包括正面、左右面）、刺喉部、腹部（左右腹）、手部(左右手腕)以上均为身体的要害部位。判决认定：要依打击时的气势、间距、机会、打击位置、打击力量等条件的符合，来认定是否为有效打击。一场常规的比赛应是 5 分钟，加时 3 分钟。主裁判宣告有效得分及暂停比赛的时候将暂停计时。比赛多是 3 分比赛，但有时由于时间关系，也可能是 1 分比赛。在 3 分比赛中，谁先得 2 分为胜出；另外，若一方先得一分，其后对手未能得分，得一分者将胜出；如在法定时间内双方未能分出胜负，在加时比赛中谁先得分便是胜出。如没有加时，胜负将由裁判决定，或抽签，或是宣布平手。团体比赛时，胜出者较多的一队便是胜方，如胜出者数目相同，得分多的一方将胜出。如得分也相同，双方将各派出一代表来决胜负。

> **活动**
>
> 1. 结合本节内容，谈谈你对日本传统体育项目的了解以及观赏时的注意点。
>
> 2. 查一查中日两国有哪些体育项目是有渊源的，以及两国分别占优势的项目是什么？
>
> 3. 小组讨论一下当开展国际性体育赛事（如奥运会、亚运会）时，你希望在其中充当怎么样的角色，可以做出什么样的贡献。

大家听说过《伊豆的舞女》吧？一起来看看现代的伊豆舞女表演。你们知道为什么表演者要把脸涂白吗？

第四章

日本料理

第一节　日本料理简介

一、和食

日本料理即"和食"，起源于日本列岛，并逐渐发展成为独具日本特色的菜肴。狭义的日本料理是指精进料理和怀石料理等具有传统特色的料理。广义上的日本料理还包括在日本日常生活中常见的料理。这里我们主要介绍广义的日本料理。日本料理的主食以米饭、面条为主，因为靠近大海所以菜肴多为新鲜鱼虾等海产，常配以日本酒。和食以清淡著称，烹调时尽量保持材料本身的原味。原材料和烹调手法重视季节感。2013年联合国教科文组织以"和食——日本人的传统饮食文化"为名将其列为世界非物质文化遗产。

在日本料理的制作上，要求材料新鲜，切割讲究，摆放艺术化，注重"色、香、味、器"四者的和谐统一，要求色自然、味鲜美、形多样、器精良。尤其是不仅重视味觉，还很重视视觉享受，被称为"用眼睛品尝的料理"。

传统的日本料理主食是米饭，佐以其他菜肴，例如鱼、肉、蔬菜、酱菜，再佐以汤。料理的名称则是用这些菜肴的数目来命名。最简单的日本餐膳为一汁一菜。"菜"指一碟酱菜（通常是腌黄萝卜）；"汁"则指一碗汤，再加上一碗白饭。最常见的料理为一汁三菜，即汤、米饭、一碟主菜和两碟副菜，当中这三碟菜通常是一碟生鱼片、一碟烤制而成的菜和一碟水煮的菜。

■ 二、洋食

在日本，除了"和食"以外，还有一类料理被称为"洋食"。日本的"洋食"，表示从外国引进，在日本经过改良后成为日本日常料理的一种。如：源自印度的日式咖喱、源自法国的日式蛋包饭、源自意大利的日式意大利面、源自中国的日式拉面等。其中又因中国不属西洋的范围，故日本改造的中国菜（日式拉面、日式煎饺、天津饭、炸鸡块等）常被叫做"（日式）中华料理"，来和中国料理区分。

■ 三、日本饮食文化的特点

日本料理是被世界公认的烹调过程最为一丝不苟的国际美食，这也造就了日本料理精致而健康的饮食理念。日本饮食文化的其中一项特色是生食，在日本餐馆可以看到很多食物如鲔鱼、鲑鱼、河豚、章鱼、牛肉、鸡肉、鸡蛋等可以生食。清淡不油腻、精致营养、注重视觉味觉与器皿之搭配，是为日本料理的特色。

自然原味是日本料理的主要精神，且烹调方式细腻精致。以糖、醋、酱油、味噌、柴鱼、昆布等为主要调料，注重味觉、触觉、视觉、嗅觉等以及器皿和用餐环境的搭配的意境。具标志性食物包括寿司、刺身、清酒、便当、纳豆、天妇罗、章鱼烧、竹轮、荞麦面、寿喜烧和牛丼（牛肉盖浇饭）等。

四、日本就餐礼仪

用餐前要说"いただきます（我要开动了）"，由主人或尊长先动筷；用完餐后要说"ご馳走さまでした（我用完餐了，感谢款待）"。

日本主要餐具有筷子、茶杯、饭碗、汤碗四种。就餐时通常左侧饭碗右侧汤碗，筷子则横放在专门的筷托上，不可以把筷尖对着别人。日本在使用筷子时，有很多注意事项，如：不要对着食物举筷不定；不要用筷尖插食物；不要用筷子来铲食物；不要用筷子挪动盘子；不要用筷子把食物传给别人的筷子；不要把筷子直插进饭碗里。

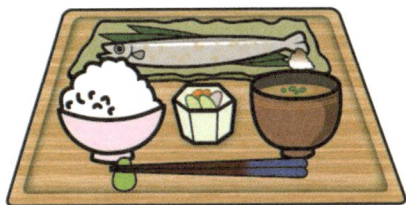

日本实行分餐制，每个人的饭菜种类都相同。日本人喜欢用小碗小碟盛放小菜，更喜欢用小碗分装酱汁或者芥末等调味料，每人一份。吃天妇罗和生鱼片这类食物时需蘸汁，注意不要直接蘸大盘里的酱油，而是先把酱油倒在小盘中再蘸用。如此繁复的工作，目的是保持食物的原味，不被其他食物的味道破坏。

另外值得一提的是，日本人认为边走边吃不符合礼节，所以日常生活中买了盒饭、饭团等食物，也常常是找一个地方坐下吃完。除非特定允许的情况外（如某些美食节），一般不会边走边吃。

> **活动**
>
> 1. 你知道哪些日本料理，有品尝过的吗？和大家分享一下你对于日本料理的感受吧。
> 2. 比较中日饮食文化中的异同，思考其原因。

第二节　传统日本料理

现存的传统日本料理主要有：本膳料理、怀石料理、会席料理、精进料理、御节料理等。这里着重介绍一下具有代表性的本膳料理、怀石料理和会席料理。

■ 一、本膳料理

本膳料理是以传统的文化习惯为基础的料理体系，由室町时代基于武家礼法确立而成，发展于江户时代，明治时代废除，现仅作为红白事等特殊场合的仪式料理。菜色由三菜一汤、五菜二汤到七菜三汤不等。

本膳料理在上菜之前，会先进行叫做"式三献"的喝酒仪式。喝完酒之后，才会开始上菜。上菜顺序是遵照"七五三"的形式，即本膳有七种料理，二膳有五种料理，三膳有三种料理。

■ 二、怀石料理

日本菜系中，最早最正统的烹调系统，距今已有四百五十多年的历史。"怀石"一词是由禅语"温石"而来。最初为修行中的苦行僧将石头温热放入怀中来抵抗饥寒。后引申为茶道里的"简单、朴素"的料理。

怀石料理大体遵循冷热交替循序渐进之感，以饭、汁、配菜、酒、煮物、烧物、预钵、吸物、八寸、汤桶、香物、点心的顺序，依次上菜。在食材选择上十分注重顺应时节，突出食物的本味。

前菜：在上酒后，以供客人一边小酌一边等待后续的菜品。

头盘：作为第一道菜，上刺身的情况比较多见。一般上头盘的时候，搭配米饭和主汤一起。

主汤：主汤的味道一般会较浓，起到激发食欲的作用。

煮菜：怀石料理中的主菜。"一汁三菜"中的第二道菜，普遍选用颜色素雅味道清淡的食材制作。

八寸：正式的下酒菜。常见的是用一个大碟盛上山珍海味各一种，配上独特的几种小菜做成的拼盘。

■ 三、会席料理

聚餐会上的丰盛宴席菜式。随着日本普通市民社会活动的发展，产生了料理店，形成了会席料理。是以本膳料理和怀石料理为基础，简化而成的。其中也包括各种乡土料理。会席料理通常可以在专门做日本菜的饭馆里品尝到。

　　会席料理基本遵循"一汁三菜"（清汤·煮物、刺身·烧物）为主，油炸食品、醋拌凉菜、酱拌菜为辅。与酒一起享用。会席料理是以饮品为中心的宴席料理，饮品一般为酒，也有煎茶，近几年还会上焙茶或咖啡。

　　前菜：摆盘讲究季节感和色彩。

　　椀物：春天为盐制鲷鱼、秋天为土瓶蒸。冲淡口中前菜气味的清淡汤品。

　　向付：刺身、生鱼片集合，一般有鱼、虾、乌贼、贝类等。

　　钵肴：烧烤食物，大多数为烤鱼，也有烤虾。主要为鱼片，也有全鱼，盐烤或照烤的调理方式最为常见。

　　强肴：拼盘。把分别做好的肉、青菜等合盛在一个器皿里拼成的菜肴。

　　米饭：饭、味噌汤、腌菜。

　　甜点、水果：料理享用完后才上的饭后甜点。

在这里简单归纳一下这三种传统日本料理作为小结。

	本膳料理	怀石料理	会席料理
简介	基于武家礼法确立而成。是将料理放在小方桌上呈现的日本料理的原型。	喝茶前的轻食。	在料亭里的宴会料理。
人数	人数根据规模不同	最多5人左右	基本会超过10人
成立时期	室町时代	安土桃山时代	江户时代
料理	从本膳开始，根据宴会规模，可以到五膳。	先上主食和汤，最后上点心。	从前菜开始，最后上主食和汤。
酒	上菜前会先进行"式三献"的酒礼，边喝酒边上菜。	客人喝完吸物之后，主人会倒酒，有一定喝酒礼节。	酒和菜一起上，主食最后再上，和现在的宴会料理形式一致。

活动

1. 在上菜数量方面，中日两国有什么不同之处？
2. 了解三种主要料理的特征和区别，分小组查资料，并发表。
3. 假如你要去参加日本人的饭局，你觉得需要注意哪些细节？
4. 假如你在国内要请日本人来用餐，选择餐馆以及点餐时你会考虑哪些方面呢？

第三节　日本酒文化与社交

日本对酒文化非常重视。日本的酒文化历史悠长，自古以来日本人就把饮酒当作是解决问题、联络感情、缓解压力、庆贺答谢的重要手段。

在日本酒文化里，常见的有清酒、烧酒和啤酒等。据古书记载，日本酿酒技术源于中国，其古代并没有"清酒"，只因日本人不喜白酒那样烈性的酒，于是就在酒中加入了竹碳来过滤，从而酿造出了清酒和烧酒。

一、日本酒的种类

1. 清酒

在日本，清酒被看作是"上天的恩赐"而被尊为国酒。清酒是用秋季收获的大米经历一整个冬季发酵后酿造而成的。一般度数是 15～16 度左右。酒味可口甜美，冷热皆宜，适合正规礼节的宴会，日本菜肴的绝佳搭配。清酒"吟酿造"是清酒中的极品。

清酒主要品牌有：白鹤、大关、月桂冠。

白鹤：日本清酒五大酒庄之一，清酒第一大品牌。没有辛辣的刺激味，米香浓郁，非常适合女孩子和刚开始接触清酒的人群。

大关：日本颇具影响力的品牌，日本清酒五大酒庄之一，品牌名字来源于相扑运动。口味维持稳定，受众较广。

月桂冠：便宜大碗的月桂冠是日本前三大清酒品牌，日本清酒五大酒庄之一，至今已经有 377 年历史。最具代表的酒品是凤麟纯米大吟酿。

2. 烧酒

烧酒是用土豆、甘蔗、大麦等材料酿制过滤而成，一般烧酒的度数在 25 度左右，蒸馏而成的烧酒，酒精的含量比清酒高，从 25 度到 45 度，达到了与威士忌一样的度数。适合轻松愉快的场合。

3. 啤酒

日本街头便利店的货架上都会摆放着各种各样的啤酒。自动贩卖机里除了果汁和茶以外，也有啤酒售卖。而随处可见的啤酒广告，更透露着日本人对啤酒的热爱。

啤酒一般是上班族在下班之后去居酒屋舒缓及放松一天疲惫时的最佳选择，深受年轻人的喜爱。

日本啤酒因其质量和口感而闻名于世，自19世纪以来，日本就开始酿造啤酒，四大啤酒生产商（朝日、麒麟、札幌和三得利）主导着当地市场。

4. 果酒

果酒是将各种水果汁直接发酵（或经勾兑）后酿成的低度酒。果酒含有各种维生素及矿物质，并具有原来果实的芳香和酒的醇香，口味甜润。果酒基本上以原来鲜果命名，如梅酒、苹果酒、荔枝酒、桔子酒和杨梅酒等。

日本梅酒是最具日本特色利口酒（果酒）的代表，特别受女孩们的喜爱，据说有美容、促进消化的功效。男女皆宜，经常是作为开胃酒或是饭后甜酒饮用。

二、日本人喝酒时的社交

因为日本是一个小集团现象比较突出的社会，日本人很少单独喝酒，下班后，一般都是三五成群结伴而行去居酒屋喝酒。居酒屋是公认沟通联络情感与情绪发泄的最佳场所。在喝酒时可以暂时忽略上下级关系，不必像在职场里那样拘谨，适当开开玩笑也是被允许的。但是也要注意分寸，不能太过火了。

有时日本人在一家居酒屋喝了之后还会找下一家续摊，称为"二次会"。甚

至有的时候会有"三次会""四次会"，一般会在末班电车时间之前结束，但偶尔也会出现错过末班电车的情况。日本人喝酒一般采用分摊制，有时候上级或长辈也会多负担一部分金额。一般在年末年初，各公司都会举行"忘年会""新年会"，这一时期居酒屋热闹非凡，一些热门的店需要提早预约才行。

三、日本人的饮酒文化

日本十分注重酒德、酒礼。在酒席上，他们相互敬酒，但不劝酒，大家可以按照自己喜欢的方式喝酒，但是人们通常不会自斟自饮。在日本酒席上，一般是注意到对方酒杯空了就要主动帮对方倒酒。对方一定要用双手举起杯子，一般是右手持杯，左手托底。在帮别人倒酒时，会把酒瓶正面的标识面朝对方，让酒标进入对方视线。而且如果酒杯上有图案的话，也会将有图案的朝外面给别人看。

四、日本人的饮酒观念

日本人虽也崇尚"无酒不成席"，喜好喝酒，但酒量并不大，多以微醺为主，追求的是一种朦胧雅致、悠远纤柔的风尚。其饮酒观念上深受中国儒家思想影响，孔子的"惟酒无量，不及乱"一直被日本人民当做是饮酒规范。

> **活动**
>
> 1. 比较中日酒文化的异同，谈谈你的感受。
> 2. 假如你被邀请和日本人一起参加酒席，需要注意哪些细节？

第四节　日式点心

一、和菓子

日式点心一般称"和菓子"，是传统日式点心的统称。因其特别讲究糕点的手作效果，亦被称为"日本饮食文化之花"。具有一定的季节性，如春天赏樱的花见团子、夏天清凉的水馒头、秋季纳凉的枫叶菓子、冬季暖心的草莓大福等。

馅料多以红豆馅、白豆沙馅为主，现在也常见抹茶馅等。季节馅料则有栗子、山芋、梅子、柿子等，加上面粉、米类（包括糯米、蓬来米），组合多样化。

二、种类

1."大福"

大福也称夹心糯米团，外面会沾上一层白粉避免粘手，自江户时代起，水果大福一直成为日本接待国宾和客人的食物。据说大福就因硕大的外形而曾被称为"大腹饼"，后人取其吉祥的谐音改称"大福"。

大福的内馅口味多变，最受欢迎的是"草莓大福"。现今也出现了不少新潮的吃法，如将提拉米苏、慕斯等口味的内馅包入大福。

2."馒头"

日语中"馒头"一词，是专门指含甜味馅的小点心。

茶馒头、麸馒头、栗馒头、酒馒头等都是以面粉或米粉等做的迷你包子，内含红豆沙、白豆沙、蛋黄等甜味馅。

3. 麻糬

麻糬为纯糯米制作，相当软而有黏性，看起来接近圆形，口感软糯，有沾黄豆粉和蘸糖浆两种吃法。较为常见有艾草麻糬、春季的樱花麻糬等。

4. "最中"

中秋圆月在日语中也叫"最中之月"，与圆月形状相似的食品也被命名为"最中"。"最中"分为上下两片，中间夹上红豆馅烧制。一般饼壳是没有味道的，而今最中也已经发展出多种模样和馅料。

5. "求肥"

特殊之处不在名字，而是它本身既能单独吃，又可以当作馅料。据说是由唐朝传入，只需用糯米粉加水，之后加入砂糖或麦芽糖加热揉制即可。

日本的求肥跟中国的牛皮糖几乎是亲兄弟，只不过前者不会那么黏牙，吃起来更好入口，因此作馅反而成了更广泛的用途。每当六月到来，日本街头家家和菓子店里都会摆上一种鱼形点心，其中的内馅就是求肥。

6．"樱饼"

樱饼就是用粉红色的糯米类外皮，包上豆馅，最外层围上一枚樱叶的小点心。

因为樱花叶是腌渍过的，不但可以吃，还会在口齿间留下一股樱花特有的香气，就连手上也会留有余香。

7．"水羊羹"

也被叫做"羊羹"，是水分大于30%的湿糕点，富含琼脂、水分和糖分。自镰仓时代至室町时代由佛教的禅宗传入日本，因僧侣不能食荤，故而羊羹制备方法转换成为一种以豆类制成的果冻形食品。

其中最负盛名也最具神秘感的当属京都的点心老铺七条甘春堂里的"天之川"，是上层蓝色、下层黑色的双层羊羹，有如银河星空般绚丽，每年夏天限量售卖。

8．"鲷鱼烧"

鲷鱼烧是日本人气颇高的传统小吃，也是一款变化极多的易操作小吃。

鲷鱼烧的原形是赫赫有名的"今川烧"，同样是一种以鸡蛋牛奶面粉制作的小食。以面粉、鸡蛋、砂糖、牛奶与小苏打为主，可以自行增添风味。如在面粉中加入抹茶粉或是加入杏仁粉。

活动

　　1. 尝试归纳一下日式点心的特点。

　　2. 如果你从日本给亲朋好友带日式点心作为礼物，你会选择什么？你会如何向别人介绍你买的点心？

　　一起来看看日本高级寿司店的独特规矩，看完后能理解为什么有"30 秒规矩"吗？享用美食时也要注重体现自身的教养哦。

第五章 日本的温泉

第一节 独特的日本温泉

温泉分为火山性温泉和非火山性温泉。火山性温泉以火山下的岩浆为热源；非火山性温泉以地热为热源。从地下涌出的泉水，具有养颜护肤、健身防病的作用。因日本处于太平洋火山地震带，地壳活动十分频繁，这一地形特性造就了日本星罗棋布的温泉。日本从北到南约有3000多座温泉，其中有自然涌出地面的，也有挖至地下使其喷涌而出的，有些是水温接近100摄氏度的高温温泉，也有只有20摄氏度左右的低温温泉，水温、水质不尽相同。日本是世界上温泉最多的国家，从而形成了日本独特的温泉文化。

一、丰富的温泉资源

日本的温泉资源丰富，利用温泉的历史也很悠久。日本1948年制定的《温泉法》对温泉做出了明确的定义："温泉，即从地下涌出时水温在25摄氏度以上，或者在1公斤的泉水中含有一定量的规定矿物质成分的泉水（即使温度不够25摄氏度）即为温泉。"划分温泉种类的标准有温度、水中矿物质种类。每年约有1.1亿人次使用温泉，相当于日本的总人口数。因而日本有"温泉王国"的美称。

日本温泉的泉质有11种之多。
具有代表性的是硫黄泉，独特的气
味让人一闻便知。硫黄泉有软化皮
肤、治疗皮肤病和湿疹的功效。无
色无味的单纯泉以刺激性小、不伤
皮肤为特征，适合初泡温泉的人，
还有缓解神经痛和腰痛的功效。含
铁泉，1kg 的温泉水中含有 20mg
的铁元素，水中的铁元素与空气接
触之后发生氧化，温泉水呈红褐色。碳酸氢泉中含有较多碳酸氢，温泉水呈碱性，
有美肤的效果（呈碱性的温泉大多被称为"美人泉"）。

二、独特的温泉文化

日本人泡温泉的历史可以追溯
到绳纹时代（日本的新石器时代，
因使用绳纹陶器而得名），在许多
神话故事中也出现了泡温泉的情节。
温泉的起源大抵是有受伤的动物因
为洗温泉而伤愈，当地人见状而发
现。除了受伤动物疗伤的传说以外，
很多名人都在温泉胜地留下许多传
说。因为这些名人的足迹，让各地的温泉弥漫着浓浓的人文气质。自古以来，日
本人就无比喜爱泡温泉。特别是到了江户时代，泡温泉的习惯在民间迅速普及，
一度盛行去温泉地长期疗养，放松身心，被称为"汤治"。直到现在，在日本东
北地区依然留有"汤治"的习惯。

日本人泡温泉有其独特的习惯。如在进入浴池前，要先在池外将身体冲洗干
净后才可入池，不要将毛巾带进温泉池内，可将毛巾放在浴池边或折起来放在头顶。
每个温泉的经营方都会有浴衣提供，我们可以从日本的温泉文化中感受日本人生
活的精致和精细。

日本人泡温泉有"三养"：一为减轻疲劳的"休养"，二为保持健康预防疾
病的"保养"，三为治疗疾病的"疗养"。温泉不光可以泡，还可以喝，称做"饮
泉"。日本古书中有不少老百姓因喝温泉水治好了疾病的记载。除了"饮泉"，

日本人也擅于利用温泉的独特资源制作美味佳肴，比如温泉馒头就是用温泉水调制后利用温泉蒸汽蒸出来的豆沙馅甜点，温泉蛋则是利用温泉的温度煮的鸡蛋，碳酸仙贝则是加了碳酸温泉水后烤出来的薄饼干。箱根温泉的黑鸡蛋，就是用大涌谷特有的酸性热泥浆蒸煮得到的，表面呈现黑色，独具特色。

日本每个地方几乎都有有名的温泉，对日本人来说泡温泉是一种享受，更是生活中必不可少的一部分。

三、多样的温泉旅馆

日本温泉旅馆历史可以追溯到几个世纪前，最初是一般民家为商人、朝拜者、外国旅人提供休息的场所。随着需求的提高渐渐地成为一种商业现象，从而发展成了旅馆。

日本温泉旅馆或温泉酒店是日本独有的一种住宿设施，一般位于日本各地的温泉乡或旅游渡假区内，客房多为日式草席"榻榻米"的房间，极具日本风格，充满日式情调。

传统日式旅馆有这么几个文化元素：浴衣、女侍、老板娘、榻榻米、传统日本料理。其中最为瞩目的就是老板娘。老板娘通常会和顾客有所交流，为其介绍当地的人文风光，与常客寒暄并指示女侍按常客的习惯布置房间。这样的温泉旅馆通常世代经营，这样的家族企业最能代表传统日式旅馆。

　　旅馆内的客房一般用屏障分开，屋内有多项生活设施，提供舒适的居住空间，且有四季美食与酒水供应。料理可以说是旅馆的招牌，特别是在晚上会为您准备当地特产美食、乡土料理、怀石料理等，能让您大饱口福。

　　纯日式温泉旅馆的客房一般称为"和室"。装修一般为日式木格纸窗和纸拉门，榻榻米草席铺地，日式纸灯，色彩柔和，清新素雅，宁静怡人。

　　温泉浴是温泉旅馆的最主要设施，旅馆内设有温泉浴池和露天温泉浴，一些高级日式温泉旅馆在客房内还设有露天温泉。温泉浴不仅是洗浴设施，还具有一定辅助疗效。温泉浴池一般分别由男女浴池构成，有室内温泉和室外露天温泉或兼备桑拿浴、喷气浴等，高级温泉还讲究借景，可边洗温泉边欣赏自然美景，怡然自得。

　　温泉旅馆的温泉并不完全一样，根据温泉的水源分为源泉温泉和循环温泉两种。源泉温泉是直接由温泉源头抽水到浴场，没有添加，用过一次后流走，不会再用，干净的温泉水会源源不绝地流到浴场。这一类型的温泉旅馆一般比较贵，因为用水量多。循环温泉的水也是来自天然温泉，但用过的温泉水从浴场流出后会过滤、杀菌、加温再重新注入浴场，循环再用，用水较少比较环保，收费也便宜。温泉旅馆一般都有日本温泉协会认证的"天然温泉表示看板"，上面会明确写着这个旅馆的温泉是哪一种。

活动

　　1. 你泡过温泉吗？你知道中国的哪些地方也有温泉？

　　2. 试着比较一下中日两国在包括温泉在内的沐浴文化中的异同，并谈谈你的感想。

　　3. 结合本节内容，谈谈日本的温泉旅馆有怎么样的特色？

第二节　泡温泉的学问

日本人有休息日到温泉观光地住宿以消除疲劳的习惯。"日本人喜欢温泉"这句话里说的温泉，当然不只是热泉水本身。人们喜欢的不仅有温泉所在地和温泉旅馆，还有所有温泉所蕴含的独特风情和文化。

正因日本是一个有着深厚的温泉文化的国家，所以在泡洗温泉方面有着细致且标准的流程。

一、泡温泉前须知

1.带好物品

带上一根橡皮筋或头绳，因为日本泡温泉时要求女性必须把头发盘起来，不能泡到水里。

带上一块毛巾（一般酒店会在房间里准备），因为泡温泉要求全裸，小毛巾可用来遮盖私处、擦汗或者包裹头发等，所以去泡温泉的时候一定不要忘了带。

带上补充水分的饮料，泡温泉会大量消耗体内的水分。不过大多温泉酒店内设有免费饮水处或自动贩卖机。

2.换浴衣

在温泉酒店一般都有准备好的浴衣和拖鞋，切记日本人的穿浴衣习俗是左衣襟在上、右衣襟在下，腰间扎好腰带。

二、泡温泉的注意事项

①在脱衣处把所有的衣服脱去，随身带一块毛巾进入浴室。注意不要把贵重物品带入脱衣处。

②进入浴池前先把身体洗净。请将身体上的污垢清洗干净后再进入温泉浴池，这是极为重要的温泉礼仪。

③舀几勺温泉浇在身体上反复数次，让身体习惯温泉的温度后再入浴。

④轻轻地进入浴池，安静地温暖全身。因为温度较高注意不要浸泡过久。请勿直接全身入浴，首先通过半身浴的方式让身体习惯温泉的温度和环境，以免温泉或水压对身体造成强烈的负担。

⑤不能把毛巾放入浴池。

⑥泡浴时间过长会使皮肤发红、流大汗、心跳过速。

⑦洗完后不能甩动水滴乱走，要稍微擦拭一下，以免地上一片狼藉，或者水

珠溅到别人。

⑧离开水池后，不要把附在身上的温泉矿物质全部冲洗掉，可以让它慢慢地被吸收。如果是皮肤与黏膜较弱的人应淋浴将身体冲净。

⑨浴后，温泉作用还会持续，所以休息一个小时为好。

⑩浴后应喝 1~2 杯温泉水或饮用水。

三、三大著名温泉

1. 别府温泉

别府位于九州东北的大分县，知名的阿苏火山就在它的附近。这个滨海的温泉城市，自奈良时代起便极负胜名，并且因为其涌出量占世界第二，以及拥有种类繁多的温泉而扬名国际。光是大分县境内就有三千多个温泉。别府最大的特点是，拥有世界上罕见的丰富温泉资源。其泉水涌出量仅次于美国黄石国家公园。根据温泉水质分类，世界上温泉共有 11 种，而别府就有 10 种之多，是世界上温泉种类最集中的地区。因此，别府成为日本人首选的温泉旅游观光城市。

初次来别府的人，对它雾气缭绕的景象印象深刻。乍看之下，容易以为烟雾是来自工厂的烟囱，其实这些烟雾皆来自遍布镇上的温泉之家。

2. 热海温泉

热海温泉是日本著名的海滨温泉乡，地处伊豆半岛，依山傍海，风景秀丽，是日本第一大温泉疗养地。热海温泉拥有泉眼 300 多口，为集中在热海一带的 280 多家大小温泉旅馆和饭店提供天然的温泉，而产自相模湾的新鲜水产还为温泉客提供丰盛的日本海鲜料理。热海温泉是日本的温泉中最有名的观光胜地之一。其水量丰富、海山自然融合、周边美丽的风景、加之温和的气候，使热海温泉魅力无穷，也是自古以来令人流连忘返的地方。日本传统艺妓及日式旅馆，历史悠久、在这里可以感受到风情万种的日本文化。

热海温泉泉眼很多，其中最负盛名的便是"热海七泉"，即大汤、河原汤、佐治郎汤、清左卫门汤、风吕之汤、小泽汤和野中汤。

3. 草津温泉

草津温泉坐落在群马具，至今已有1000 年以上的历史。虽然地处交通并不十分方便的深山地区，但自古以来就因其齐全的功效而驰名天下。

草津温泉又名"药出汤"，位于群马县吾妻郡草津町，向来以自然环境优美、疗效极高而著称，自古便作为治病健体的著名温泉而远近闻名。其泉质为硫化氢酸性泉、酸性硫酸盐泉，水温高达 50 ～ 96 摄氏度。对治疗风湿性疾病、神经痛、

慢性皮肤病、创伤、糖尿病等有一定疗效。草津温泉的自然涌出量约为每分钟4万升，位居日本温泉之首。草津温泉还有一项传统活动，便是使用长木板搅拌温泉浴池中的泉水，以达到使温泉中药物元素混合均匀、降低温度和提高疗效的目的。

活动

　　1. 小组讨论一下你知道的日本温泉有哪些，介绍其地理位置、特色、功效。

　　2. 如果你去日本的话，想要去哪里的温泉呢？试试简单做个攻略吧。

　　3. 小组讨论后和大家分享一下你所知道的一处温泉（不仅限于日本），查找资料介绍一下该温泉的特点以及旅游资源，并在地图上标出其位置。

　　日本人喜爱泡温泉时享受富士山美景，一起来看看日本的温泉酒店吧。

第六章 日本的生活

第一节　日本人的住与行

一、各种类型的住房

　　日本住房的种类很多，一般可分为传统木结构房屋、一户建（小独楼）、公寓和团地住宅四种。

　　日本传统木结构房屋讲究"纯粹与和谐"，尤以榻榻米、竹、石、纸、木等简单的构成要素，形塑"空、间、寂"的独特的日本美学。

　　一户建（小独楼），是一户人家一栋的独门独户2至3层的房子，有自己的院子和车库，一家几代人其乐融融地住在一起。相对面积大，土地可以自由支配并可以继承（需缴纳继承税），不用交管理费，通风采光较好。20世纪60年代日本经济高速增长时期，独院住宅是日本私房最初的理想模式。随着日本建筑开始融入西洋风格，虽然看上去样式是西式，但是仍将房间一部分做成和式，保留榻榻米风格。

　　日本的公寓分为两种，一种是平价的2层简易楼房，一般称为公寓（apartment），另一种是3层以上的高层楼房，也被称为高级公寓（mansion）。一般来说，公寓是用木质结构、轻量钢铁构架构造，楼层为2~3层，隔音效果较差，没有电梯，设施一般。而高级公

069

寓则一般是高层住宅和超高层住宅，钢筋混凝土构造，有电梯，设施齐全，管理严格。有专门的公司进行清扫与管理，需要每月交管理费与房屋修理费。

最后还有一种住房类型叫做团地住宅。团地住宅一般有都道府县和市町村运营的公营住宅或旧公团住宅、公社（国企）住宅等。团地住宅最初是日本政府为了解决当时战后高速城市化发展带来的住宅供应不足的问题而提供的集中建设的公寓住宅楼，为公营住房。团地住宅一般建筑之间间隔大，并且在团地内配有公园和绿化带。大型的团地住宅区附近车站、超市、银行、学校、医院等基础设施完善，生活便利。另外，团地内的居委会经常会组织一些活动，因此与周围邻居打交道的机会更多。

■ 二、住房设计特色

日本是个地震多发国，因此很多住房都采用科学防震设计。日本的建筑善于利用刚性结构提高建筑物的抗震性能，在建房的过程中，林业部门负责对柱材、横梁、木桁架、地基材等木材的含水率进行严格的测试，符合一定的参数标准才能使用木质建材，建成后对隔音性能等也要进行调试，从而在环保基础上保证其安全感、舒适感。

日本的建筑善于利用各种结构来提高建筑物的抗震性能。保护住房的手段可以分为三种。第一种是耐震，如采用树脂材料作为抗震"绷带"包裹建筑支柱，从而达到防止支柱在地震时发生倒塌的目的。通过增强房屋材料的韧性而达到"晃而不倒"的目的，提升房屋耐震水平。第二种是制震，或叫减震，利用"滑动体"基础提高建筑物防震性能，在大楼地基的基础部分和大楼主体部分之间安装上弹簧或振子，用来抵消地震波带来的震感。第三种是免震，近年来开发出一种"局部浮力"的免震系统，即在传统抗震构造基础上借助于电磁力等支撑整个建筑物，使房屋在地震时短暂悬浮，脱离和地基的刚性连接，从而让房屋暂时不受地震波的影响。这三种方法中"免震"是最有效的，不仅能保护房屋不倒塌，同时还能保护屋内的家具不被破坏，制震效果比耐震效果好。

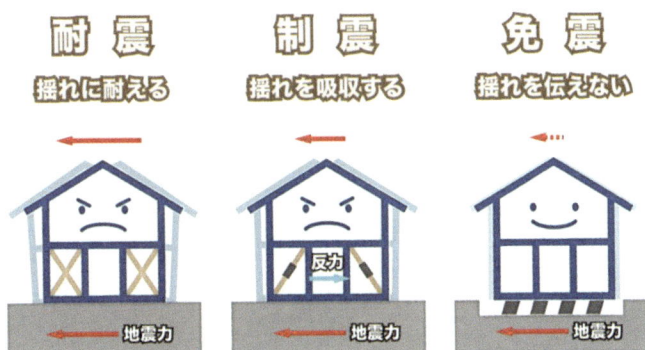

三、交通

作为发达国家的典型代表，日本在交通体系的规划布局比较完善，已经形成了快速便捷、四通八达的交通体系。日本交通体系的基本特征为：①交通规划超前合理，交通路网结构完善；②各种交通工具换乘方便；③轨道交通非常发达，充分利用地下空间；④路面较窄，路网稠密，交通堵塞现象较少；⑤各种交通工具的人性化设计特征明显；⑥交通系统的智能化特征明显；⑦形成了良好的社会风气和交通秩序。

日本交通方式主要有以下六种：

1. 铁路（国铁和私铁）

日本的铁路系统包括 JR（国铁）以及地方私营铁路（私铁），加起来有上百条之多。如果是跨地区的长途路程，用 JR 铁路居多；若在单一或邻近的区域活动，则更多选择私铁。高峰时段为工作日的早上 7~9 点、下午 5~7 点。

2. 新干线

新干线为日本大区域之间移动的主力交通工具，类似我国高铁。自 1964 年通车，截至 2020 年一共有 7 条主要线、2 条迷你线，主要线以 260~320 公里/时运行，迷你线则以 130 公里/时运行。由于日本地震频发，紧急地震检测和警报系统于 1992 年引进，它使高速列车在发生大地震时能够自动制动。日本开发新干线的首要目标是增强客运能力，其次才

是提高速度。东海道新干线开始运行，每天的客运量是 6 万人次，10 年后增加到每天 30 万人次。日本在开发新干线的同时就研制出了综合自动售票系统，经过多年的不断改进，每天可处理 160 万张车票，基本无差错。

3. 地铁

大都会区的重要交通手段绝对少不了地铁。比如在东京就有 TOKYO METRO（东京地铁公司）运营的 9 条路线（丸之内线、东西线、南北线、有乐町线、千代田线、半藏门线、日比谷线、银座线、副都心线）以及都营线（东京都运行的路线）的 4 条路线（三田线、新宿线、浅草线、大江户线），与私铁交错行驶。其第一条线路浅草线于 1927 年 12 月 30 日正式开通运营，使东京成为亚洲第一个开通地铁的城市。截至 2020 年 9 月，东京地下铁运营线路达到 9 条，总里程 195.0 千米、车站共 180 座（换乘站 24 座），日均客运量达到 755 万人次。东京地下铁每条线路都由不同的颜色及英文字母代表，其代表字母通常为线路英文名称的首字母。例如，银座线（Ginza Line）的代表颜色为橙色，代表字母为 G。乘客可依据导示系统进行乘车。导示系统由图示、箭头及多国语言的文字组成。

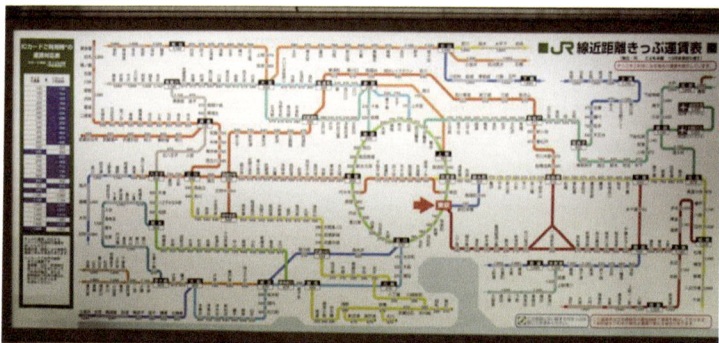

4. 巴士

巴士可以分为高速巴士和市内巴士。高速巴士是主要在高速公路上行驶的公共汽车，也被称为长途巴士、夜行巴士（晚上出发，次日清晨到达）。高速巴士具有连接各城市之间以及连接城市与旅游景区之间等的多数路线，其特长是与飞机、铁路相比，运费较低廉。市内巴士则是作为城市内或区域内的交通运输手段之一的公交巴士（一般道路巴士），常常作为铁路交通的辅助手段而被广泛使用。当然和国内一样也有机场大巴、旅游大巴等专门服务旅游者的巴士。

5. 出租车

在日本乘坐出租车费用昂贵，所以人们一般选择乘坐公共交通出行。依照车辆的大小，分为大型、中型、小型，乘载人数各不相同。起跳价格（两公里以内的基本费）各地不同，晚间 11 点至次日凌晨 5 点采用夜间加成制，车费增收 30%。在高速公路行驶时，也会加收费用。假如需要乘坐出租车时请注意出租车门是由司机控制，上下车时乘客无须自己关开车门。

6. 自驾车

日本汽车保有量世界领先，但因其他的交通工具完备，上班往往不开车，而是在休假或短途旅行时用私家车。在交通不便的地区，一户拥有多辆车的情况也很常见。如果要在日本开车，请到日本之前就先在自己的国家取得国际驾照，或是将自己国家的驾照更换为日本的驾照。在日本考取驾照要花费 20 万日元，大约耗时一个月。尤其需要注意日本车辆是左侧通行，行人优先，无论何时都要严格遵守信号灯。

活动

1. 比较一下中日两国在居住和交通方面的异同，并分析各自的优劣，小组讨论，并发言。

2. 查阅资料了解日本的房屋在"耐震""减震""免震"方面采取的具体措施，以及对我们的启示。

3. 结合中国的交通费用，尝试分析一下为什么日本的出租车费用那么昂贵。

4. 日本居住和交通方面有哪些人性化的设计值得我们借鉴学习？

第二节　日本的教育

一、日本近代教育发展概况

从日本明治维新开始，为了不断适应政治、经济和时代发展的需求，日本先后经历了三次教育的重大改革。

第一次：日本首次教育改革以欧洲为学习对象，提出了"富国强兵、殖产兴业、文明开化"三大政策。"文明开化"是指全面学习西方资本主义的文化、技术和知识，以保障日本的独立富强，免受西方资本主义国家的侵略。在促进"文明开化"中，日本近代思想家福泽谕吉号召日本人民舍身卫国，使日本文明赶上先进国家。

1880年首次颁布的《学校令》形成了以小学、中学、大学和示范学校为要素的基本教育体系。1907年规定各级学校的学制年限，义务教育由原来的4年延长为6年。1918年新的《学校令》颁布，公立大学、私立大学和专门大学与国立大学一起得到国家的认可。

第二次：二战后，日本根据宪法确立了国会立法制，学校仿照美国确立了"六、三、三、四"学制。

第三次：1987年，日本确立以培养善于分析问题、解决问题，具有自制性、创造性才能的人才为目标，从终身教育的立场出发，考虑教育体制体系的改革。在综合考虑家庭教育、学校教育与社会教育间关联性的基础上，进行学校教育改革，强调培养学生个性和独创性，培养复合型人才，培养学生的综合处理能力，培养学生的国际意识和国际交往能力。

经过三次的日本教育体制改革以及近代以来的不断修正，日本最终确定了现行的教育行政体制。日本现行教育行政制度的原则和特点由宪法和《教育基本法》所决定。宪法宣称教育是人民的权利，规定依据民主政治的原则和地方自治的原则构建教育行政制度。建立中央和地方两级管理系统，实行中央指导下的地方分权制。日本现行的中央教育行政机构是文部科学省，其最高领导是文部大臣。

■ 二、日本各级各类的教育形式

1. 学前教育

日本的学前教育机构有两种。其一为幼儿园，属于学校教育制度的组成部分，招收3~6岁幼儿，由文部科学省领导。根据性质不同，又细分为国立、县(市)立和私立3种，意在增加学龄前儿童入园率。日本政府承担国立幼儿园与公立幼儿园办园经费，对私立幼儿园进行补助，保证了日本幼儿园的办园质量。日本幼儿园教育采取的是寓教于乐的形式，教授孩子们学一些简单的知识，同时也让他们做一些游戏。

其二是保育所，属于福利机构，招收从出生到6岁的幼儿，由厚生劳动省领导。据日本《儿童福利法》规定，保育所设立主体有国立、县立、乡镇立和私立等，主要目的是应监护者要求，照顾学龄(即6岁)前的幼儿，促进幼儿的身心健康发展，使幼儿日常生活得到照料。

2. 初等教育

日本实施初等教育的机构是单一的六年制小学，儿童满6周岁入学，12周岁毕业，属于义务教育阶段。新学年从4月份开学，多数小学采用三学期体制，三学期之间分别为暑假、寒假和春假。

3. 中等教育

日本的中等教育分初中和高中两个阶段。初中属于义务教育的完成阶段，学制为三年。高中学制三年，种类较多，按学科划分可细分为普通、职业和综合三类，按授课方式分为全日制、定时制和函授制三种形式。

4. 职业技术教育

职业技术教育在日本的学校教育中占有很重要的地位，培养出大批优秀的技术人才和熟练劳动力，促进了日本经济的高速发展。在日本，除了幼儿园和小学以外，各级各类学校都设置职业技术学科，对学生进行职业技术方面的教育。日本已经形成多层次、多类型的比较完整的职业技术教育网，有学校、企业和社会办的几大类职业技术教育；有职前教育、在职教育、转业教育，水平高低不同、时间长短不一，灵活多样、互为补充、互相促进。

此外，在日本职业技术教育中，企业内职业技术教育也十分重要。所谓企业内职业技术教育，是指企业对其职工进行的从录用到退休为止的长期的教育训练。其内容除了专门的技术教育、技能训练外，还包括经营教育、提高办事能力的教育以及作为企业职工的品质教育等。企业将企业内职业技术教育作为一种社会的责任和公共事业的使命，对企业从业人员进行多种教育训练，以提高企业劳动者的职业生活质量。这不仅是企业人力资源开发的一部分，也是企业员工福利的一部分，一直以来非常受到日本企业的重视。

5. 高等教育

日本的高等教育已经形成多层次、多类型的结构。按照资金来源的不同可分为国立、公立和私立三大类，从学术水平上看，日本的高等教育是二级结构：专科教育和大学教育。

专科教育机构以开展高等职业教育和培养实际生活能力为目的，包括高等专门学校、专修学校的专门课程以及短期大学，都是实施高等职业教育的机构。专门学校相当于我国的大专，在专门学校进行职业教育并教授可实际应用的技术、知识和技能，专业以电子、机械、化工为主，是培养高级技术工人的学校。

短期大学的学制为 2 到 3 年，也相当于我国的大专，主要是家政、人文、教育及社会方面的专业。

大学包括综合大学、多科大学和单科大学。大学可以设有学部、大学院。其中本科阶段称为"学部"，学制四年；研究生阶段称为"大学院"，包括硕士、博士研究生，旨在"教授和研究学术理论及应用，深究其奥义和促进文化发展"。

日本大学有科研的传统，主要任务是从事基础理论研究。重视科研尽可能与教学结合，注重协作和开展共同研究，特别强调为产业服务，试图建立"官、产、学三位一体"的科研体制，集中政府、企业和大学的科研力量联合攻关，开展创造性的研究和培养高水平的开拓人才，推动大学由模仿型科研向创造型科研方向转变。

三、日本著名大学

1. 国立大学

（1）东京大学

1877年设立，简称东大，是一所本部位于日本东京都文京区的世界级著名研究型综合大学。作为日本最高学术殿堂和七所旧帝国大学之首，其在全球都享有极高的声誉。初设法学、理学、文学、医学四个学部和一所大学预备学校，是日本第一所国立综合性大学，也是亚洲最早的西制大学之一。

（2）京都大学

建立于1897年，简称京大，是一所本部位于日本京都左京区的日本顶尖研究型大学，在日本是仅次于东京大学的学科齐全、规模宏大的国立综合大学，日本继东京大学之后设立的第二所旧制帝国大学。作为日本国内的最高学府之一，京都大学在全球都享有很高的声望，可谓巨擘辈出，其毕业生在科研学术界乃至政界商界普遍拥有举足轻重的地位。被誉为"科学家的摇篮"。

2. 私立大学

（1）早稻田大学

简称"早大"，是一所位于日本东京都新宿区的世界著名研究型综合大学，与庆应大学并称"日本私立双雄"。1882 年，伴随着"学问要独立"的宣言声，日本前首相大隈重信创立了早稻田大学。以"学问活用""造就模范国民"的办学精神为理念制定教育方针，1899 年开始接受来自清朝的留学生。

早大培养了许多活跃在世界舞台的人才，2022 年为止，已有 8 位日本首相是早稻田大学的毕业生。除了政界之外，早稻田大学在财界、商界、文艺界也人才辈出。

（2）庆应义塾大学

亦称庆应大学，简称"庆大"，是日本久负盛名的世界著名研究型综合大学，素有"亚洲第一私立学府"之称，是日本历史最悠久的私立综合性高等教育机构。其主校区位于日本东京都中心，毗邻东京塔。

庆应的前身是创立于 1858 年的"兰学塾"，是江户时代一所影响深远的传播西洋自然科学的学堂，在创始人福泽谕吉的指导和影响下不断发展，至今在日本社会各个领域中均发挥着先驱领导作用。

四、日本的家庭教育理念

日本人是很重文化传承的民族，在日常的饮食起居和与人交往方面有自古传下的一套礼节规范。家庭教育重视对孩子的礼貌礼节的培养，如孩子每一次出门都要向父母说"我出门了"，回家后要说"我回来了"。

日本家庭从小培养孩子自立、自主精神，大部分家庭要求孩子做力所能及的家务劳动。成年后，就作为独立的个体，需要自己对自己的一切负责。

日本的家庭教育从小重视对孩子创新意识的培养，重视培养孩子的好奇心和冒险精神，鼓励孩子有自己的想法，家长经常带孩子到图书馆、科技馆借阅图书，做各种创造性游戏，开发孩子的想象力。

日本父母很重视对孩子动手能力的培养，鼓励孩子从不同的角度去拼装各式各样的玩具模型，加强孩子的动手能力和创造性。

活动

1. 查阅资料，对比一下中日两国的教育制度的异同，尤其是高考制度有什么区别。谈谈你的感想。

2. 查阅资料，了解日本的职业技术教育的发展与现状，小组讨论后发表你觉得职业教育应该如何发展。

第三节 日本的医疗

一、全民医保

日本是世界上为数不多的全民参加医保的国家之一，在日本的居民（包括外国人在内）都享有加入国民健康保险的权利。加入了国民健康保险的居民在日本医院看病时只需负担 30% 的医药费（70~74 岁需负担医疗费的 20%，75 岁以上的仅需负担医疗费的 10%），其余部分由政府支付。日本还有高额医疗费保障，以此来解决民众因高额费用而无法治病的困扰。

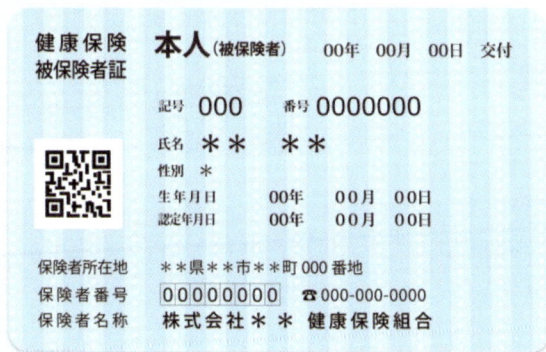

二、分级诊疗

日本实行分级诊疗制度，确保了医疗资源能够被更加高效地利用。日本的医院有国立的、公立的，也有私立的，从数量上看，以私立医院（民营性质医疗法人）为主。从规模上看，300 张病床以上的大中型医院基本都是国家或地方政府办的。中小规模的医院和诊所以民营为主。全国各地广泛设立私人小诊所，其优势是最大限度地让医疗资源优化分布，能在小诊所看的病就在附近的小诊所解决。而假如小诊所无法处理的病症，医生会写一封介绍信，附上病人的症状和诊断情况，介绍到大医院去。在日本如果没有介绍信就直接跑去大医院看病，会被收取高额的额外费用。

三、高质量的医疗服务

日本的医院干净整洁，安静有序，医患关系较为和谐。

在日本，最初病人的分流和检查是由护士完成的，一到医院就会有护士来进行问诊分诊，填写问诊表，建立个人档案，然后会根据需要给你做基本检测，检查结果出来，才会把患者送到医生处诊断，患者不需要往医生和检查处多次往返。而医生只需要做诊断，这也大大减少了医生的看病压力。

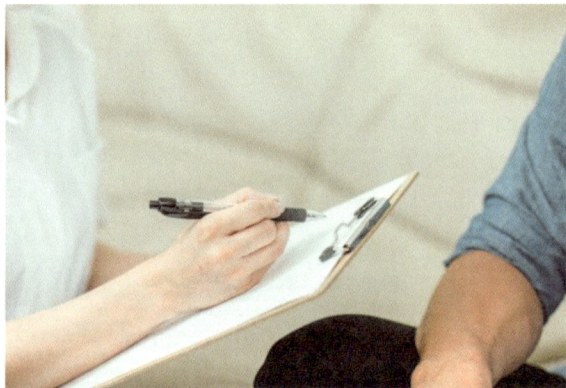

无论是医师还是护士，都会用敬语进行对话，耐心讲解病情和治疗方案，让患者得到受尊重的医疗服务。

从医疗质量和政府保障来看，日本的医疗被称为世界最高水准。据资料表明，近年在世界卫生组织全球医疗水平评比中，日本排名第一。"癌症、心脑血管疾病、糖尿病"三大成人病生存率世界第一，远远高于其他发达国家。国民健康意识高，也不断促进医学技术的进步和医疗体系的完善。

四、药品及费用

日本的医药实行完全分离政策。也就是说，日本的医院没有药房，医生在给病人开了处方之后，拿着医生的处方去专门独立的药店拿药。这个机制避免了所谓的医生为了多赚钱而故意开昂贵的药。

而且如果入院连续超过 3 个月的话，另外还有相应的减免。由此可见，患者需要支付的费用大大减少，全被国民保险和高额医疗费制度承担了，患者最终只

支付自己应该负担的那一部分即可。

五、儿童医疗补助制度

　　随着日本老龄化的加快，少子化现象变得非常严重，儿童医疗也逐渐趋向免费化。日本全国各自治体根据财政状况，基本都设有儿童医疗费助成制度。如有的地方规定，儿童至 18 岁之前，无论住院还是看普通门诊，均为免费；也有的地方则规定，至学龄前实行全部免费。以京都市为例，初中三年级及以下年龄儿童 1 个月内在 1 家医疗机构住院只需承担 200 日元费用。1 个月以上在 1 家医疗机构就诊时，0~2 岁儿童只需承担 200 日元费用，3 岁~初三学生则为 1500 日元（制度的对象人员为居住在京都市，并已加入健康保险的 0 岁至初三的青少年）。

六、介护保险制度

　　"介护"是看护、照顾的意思，即以照顾日常生活起居为基础，如为老人做饭、洗衣、洗澡、陪老人看病等，提高被介护者的生活质量，为独立生活有困难的人提供帮助。《介护保险法》第一条明确规定了介护的对象和实施介护的目的："因年老而发生的身心变化所引起的疾病等原因，国民陷入需要介护的状态，入浴、排便、饮食等需要照顾，需要机能训练和护理，需要疗养及其他医疗的，为其提供必要的保健医疗服务和福祉服务，使其能够有尊严地度过与其具有的能力相适应的自立生活。"

　　《介护保险法》规定，40 岁以上的国民，包括居住在日本的外国人必须加入，并缴纳介护保险金。65 岁以后可以享受介护服务。参加介护保险后，如患有癌症、早期痴呆、脑血管疾病等 15 种疾病，即使不满 65 岁，也可以享受介护保险服务。

> **活动**
>
> 　　1. 近年来医疗旅游成为了一种新兴的旅游形式，查阅资料，小组讨论一下赴日进行医疗旅游有什么样的好处，存在哪些问题，以及需要注意什么。
>
> 　　2. 我国在老龄化方面与日本存在许多相似之处，日本的实践探索对我国推进养老介护服务很有启示意义。思考一下我国可以如何结合国情来借鉴其经验。

第四节　垃圾分类回收

一、细致的垃圾分类

　　相信大家对于日本的垃圾分类回收的认真细致有所耳闻，日本人对垃圾的分类和回收都做得很好，那是因为为了促进资源的有效利用，日本政府对垃圾分类的规定作了细致且详细的政策。在日常生活中，市民普遍对于倒垃圾的时间、次数、场所、垃圾的分类等形成了固定的方法和良好的习惯。大家都自觉地把自家的垃圾分类装袋后送到指定的垃圾收集场所，扔大件垃圾要提前去买专用的票。家具、家电等大件垃圾按照规定的时间放在屋子外边，有专人回收。

　　从 20 世纪六七十年代起，日本开始实施垃圾分类，起初只分可燃和不可燃垃圾。随着资源垃圾分类回收利用的发展，垃圾分类也越发细化和复杂。由于每个地方政策随着政府规定会有所不同，据日本 2019 年的新闻报道，日本对垃圾分类管理最细致的地方为四国德岛县的上胜町，竟规定了 45 种垃圾分类类别。如今在日本，垃圾一般可以分为八大类：

　　①可燃垃圾：厨余垃圾、不能再生纸类、木屑及其他；

　　②塑料瓶类：饮料、酒类、酱油等塑料瓶；

　　③可回收塑料：商品的容器或包装袋、塑料的口袋、方便面口袋、洗发水、洗洁精瓶子、塑料瓶、牙刷管；

　　④其他塑料：容器、包装以外的塑料、录像带、CD 及其盒子、洗衣店的口袋、牙刷、圆珠笔、塑料玩具、海绵、拖鞋、鞋类、布制玩具等；

　　⑤不可燃垃圾：陶瓷类、小型电器、其他玻璃类产品、耐热玻璃、化妆品瓶；

　　⑥资源垃圾：纸类、布类、金属类、玻璃类；

　　⑦有害垃圾：荧光棒、干电池、体温计（用水银的体温计）；

　　⑧大型垃圾：家电回收法规定范围内的电器（空调、电视、冰箱、洗衣机、冰柜）、家具、家用电器（被子、电磁炉等）、其他（自行车、音箱、行李箱等）。处理大型垃圾需要打电话预约，并支付一定处理费。

二、回收垃圾的时间

　　在日本虽然不同地区的具体规定会有所不同，但每周回收垃圾的时间一般是固定的，错过了就要等下一次。比如厨余垃圾因为它会腐败和产生味道，因此一周有多次回收的时间，而不可燃垃圾每周往往只有一次回收的时间。每年12 月，市民会收到当地的一份年历，每天的颜色不同，这些颜色分别代表不同垃圾的回收。

　　在一些高级公寓门口会有专门的垃圾房，平时都是上锁的，在丢垃圾的指定日前一天晚上才会打开使用。一些没有垃圾房的小公寓就需要将垃圾整齐地摆放在路边。倒垃圾最晚的期限是当天早上的八点钟之前，会有专人开着车来收。在日本垃圾收集日期十分严格，且各个地区的垃圾收集日期不尽相同。

　　不同地方的垃圾分类要求有所不同和当地的垃圾处理方式有关。日本的垃圾处理站也叫做资源循环站，垃圾经过分类处理后变废为宝，有的用于火力发电，

有的用来建设蒸汽游泳池，从垃圾里提取金属成为原料，最后剩下的垃圾渣用来铺路和填海。日本东京有个年轻人爱去的娱乐区叫台场，就有一半是垃圾填出来的。

日本几乎做到了垃圾百分之百回收，依赖的不只是先进的技术和发达的科技，更是相关法律法规的科学制定以及通过宣教后全民对环境的敬畏、真挚的感情和高度的民众自觉性。在日本有句话叫做"垃圾分类后就不再是垃圾，而是资源"。这是资源没有那么丰富的岛国人民的智慧，同时也是对于全球环保的责任心以及做出的贡献。

活动

1. 垃圾分类小游戏，先看懂一张日本的垃圾分类告示，尝试对照日本的垃圾分类手册进行一下分类，并写明以下物品需要在哪一天的什么时间放置到什么地方，以及需要进行怎么样的处理。

（1）喝完的牛奶纸盒；（2）塑料饮料瓶；（3）口红；（4）一叠报纸。

2. 比较一下中日垃圾分类的异同，结合生活讨论如今中国垃圾分类工作中的亮点和困难，以及应当如何推进垃圾分类回收和资源利用。

3. 小组讨论后发表你对于"垃圾分类后就不再是垃圾，而是资源"这句话的感想。

一起来看看日本国立大学中非常有名的东京大学的校园风光吧。想要在银杏飘落的季节去看看吗？

第七章

日本的创意

第一节　日本的科技

日本是一个高度发达的资本主义国家，凭借日本人特有认真和严谨的精神，使得国内的科学技术走向了世界的前沿，成为名列世界科技最发达的国家之一。

一、日本技术研发现状

①研发经费占 GDP 的比例为世界领先；

②由企业主导的研发经费占总研发经费的比例列世界第一；

③日本核心科技专利占世界第一；

④日本的专利授权率高达 80%，可见其专利申请的质量。

由此我们不难看出日本对技术科研的重视，也解释了为何日本科技在国际创新领域上有着举足轻重的地位。

二、日本科技发达的原因

①日本教育普及率高。日本义务教育是 9 年，且日本政府对教育的投资一般都会占当年年收入的 10%。

②科研获得法律保护与保障。早在 1995 年，日本国会就通过了一个"介于宪法和专门法之间"的重要法律——《科学技术基本法》，提出要把"科学技术创新立国"作为基本国策，并在 1996 年由日本内阁专门制定了一个为期五年的《科学技术基本计划》。

③日本科技发展主要源于二战后。这期间日本见识了西方的先进科学技术对

人类生活及社会局势潜移默化的影响，后又专心研究了德美等国家的科技，为后来的独立创新打下了基础。

④产学研结合的科研模式。最新研究直接投入生产领域，以最快捷最有效的方式，实现科研能力转换生产能力，促使科研成效与生产效益直接挂钩，从而刺激研发者的积极性。

三、诺贝尔奖获奖情况

2001年，日本政府确定了一项科学计划，口号是"50年内拿30个诺贝尔奖"。此前，在诺奖的百年历史中，作为世界经济大国的日本，还只有9位得主。

从2001至2021年，获诺奖的日本人已有28位（指获奖时或获奖前持有日本国籍的获奖者）。

日本诺贝尔奖全名单

获奖年	获奖者	获奖理由
1949	汤川秀树	介子存在的预想
1965	朝永振一郎	在量子电气力学分野的基础研究
1968	川端康成	《伊豆的舞娘》《雪国》卓越叙述日本人微妙纤细的表情，就像大自然的画
1973	江崎玲于奈	在量子穿隧效应的实验中发现半导体
1974	佐藤荣作	提倡非核三原则
1981	福井谦一	化学反应过程的理论研究
1987	利根川进	多样性抗体的生成和遗传原理的解明
1994	大江健三郎	《万延元年的足球队》对于运用现实与神话之间的纵横创造出诗中的世界，现代人所身陷苦痛的姿态，有如当局者迷一般所描绘出的图样的功绩
2000	白川英树	导电性高分子的发现与发展
2001	野依良治	手性触媒之不对称合成研究
2002	小柴昌俊	对于天体物理学，特别是宇宙微子检验有卓越的贡献
2002	田中耕一	活体高分子同定与构造解析手法的开发
2008	小林诚 益川敏英 南部阳一郎（美籍）	发现小林–益川理论与CP破坏源自粒子物理学的贡献

（续　表）

2008	下村修	绿色萤光蛋白 (GFP) 的发现与生命科学的贡献
2010	根岸英一、铃木章	发现铃木耦合反应
2012	山中伸弥	诱导多功能干细胞 (iPScell) 创始人之一
2014	赤崎勇 天野浩 中村修二 (美籍)	发明高亮度蓝色发光二极管，带来了节能明亮的白色光源的贡献
2015	梶田隆章	发现中微子振荡现象，并因此证明中微子具有质量
2015	大村智	发现了治疗蛔虫寄生虫感染的新疗法
2016	大隅良典	发现细胞自噬的机制
2018	本庶佑	发现负性免疫调节治疗癌症的疗法方面的贡献
2019	吉野彰	对于锂离子电池方面的研究贡献
2021	真锅淑郎	对理解复杂物理系统的突破性贡献

日本连续近乎井喷式获得诺贝尔奖，这种"收获季"是日本人长期孜孜追求、持续投入的必然结果。

四、从"山寨模仿"到"科技创新立国"

按照时间历程，战后日本的科技创新人体可以分为三个阶段：

1. 第一阶段：20 世纪 80 年代之前的模仿创新

日本以美国为榜样，充分利用自身的"后发优势"来引进吸收美国制造业的先进技术与创意，并加以模仿。领域涉及计算机、日常消费品、汽车、通信等，由此，日本境内开始涌现出大量的"山寨"商品，且几乎覆盖了所有行业。在陷入"山寨"的黑历史后，日本人开始逐渐转变思维——他们不仅从书本上吸取知识，还买来竞争对手的产品进行拆解，对每个部件进行研究，进而吸收其设计思想，从而生产制造出全新的商品。这种模仿式创新的模式，被当时的日本人冠以一个很有"工业党"既视感的名字——"逆向工程"。

获得新产品　➤　分解和拆卸　➤　学习开发原理　➤　改进设计　➤　生产制造

在此影响下，日本告别了 20 世纪四五十年代高成本、低效率的生产模式，通过大力引进先进技术来积极谋求重化工领域的设施更新，而电力、钢铁和海运领域的高级技术模仿亦成为当时的发展主流。

如此，日本实现了从大规模生产、自动化技术引进、机械自动化到高技术、大规模生产体系全面建立的逐步跨越，并有力推动了国民经济的复苏与发展。

2. 第二阶段：20 世纪 80 年代的"科技立国"战略

20 世纪 80 年代的贸易摩擦与国际竞争唤醒了日本的危机意识。1980 年，日本通产省发布了《80 年代通商产业政策展望》文件。同年 10 月，日本科学技术厅公布的《科技白皮书》中再次明确提出了"科技立国"战略。

这一时期，日本开始将发展重心向知识密集型产业倾斜，诸如原子能产业、电子信息产业、计算机产业与飞机制造业等成为资金与智力资源的主要输送地。

与此同时，日本更为注重强化重点实验室未商品化产品、寻求产业集约式发展。深入贯彻"科技立国"战略，促进高精尖产业自主研发能力优质提升。

3. 第三阶段：20 世纪 90 年代以后的"科技创新立国"战略

20 世纪 80 年代末期的泡沫经济重创了日本，而国际上的科技竞争也是愈演愈烈。为了追赶"知识经济"新时代的步伐，在 21 世纪的国际竞争中重新占据优势，日本政府进一步丰富了"科技立国"战略的内涵，并提出了"科技创新立国"的新口号，强调日本要彻底挥别"模仿与改良的时代"，而后更是采取了一系列措施来加以贯彻。

在此期间，日本无论是在科技研发人员数量、论文发表数量还是专利申请数量上，均取得了重要突破，而纳米技术、生物医药、电子信息等高精尖领域更是得到了长足发展。至此，日本已然跃居全球为数不多的科技发达国家行列。

五、科技与生活应用

1. 日本机器人公用领域应用

东京的一家机器人餐厅最大的特色有美女机器人比武、斗舞，顾客可以坐上去与对手一决高下，体验"变形金刚"的刺激。

　　日本一家五星级酒店"聘用"机器人做前台接待，能够帮顾客办理入住、解答顾客的问题。机器人时代的来临指日可待。

　　日本一家寿司店使用机器人服务员，它能为顾客安排座位、把顾客护送到座位上，顾客可通过它胸前的触摸屏点餐，省时省力。

　　Kirobo Mini 是日本汽车制造商丰田推出的一款机器人，它不但能够做路途向导，且能够唱歌和进行简单的对话交流。Kirobo Mini 具有人脸表情识别功能，能够根据使用者的表情判断情绪，进行适合场景的聊天内容，当面对复杂的对话内容时，可以通过云端处理，减少对话停滞的时间，其背后的技术系统，包括丰田语音识别服务器和通信服务器，被称为"丰田中心系统"。

2.日本科技在家庭中的应用

松下全透明电视，无边框设计，关机状态下和一款普通玻璃没啥区别，采用OLED 技术，因此无需背光来进行照明。开机后画面清晰，宛如魔术。

日本洗手间可谓是科技应用于生活的最佳折射，除了使用智能马桶盖进行冲洗和烘干，个别还能测血压、分析尿液，甚至测量体重、体脂等身体参数。

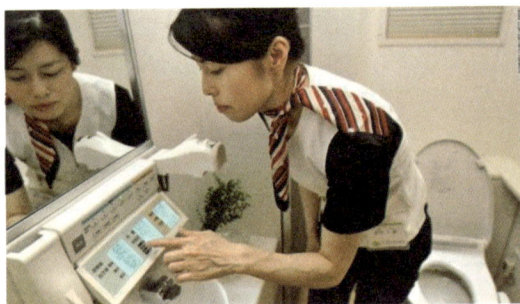

2014 年德国柏林电子消费展上，松下智慧家具部门展示的松下智能镜子，不仅能够检测皱纹、红肿、黑头、晒伤等肌肤问题，并个性推荐相关改善皮肤的产品。而且还可以虚拟化妆，它内置了丰富的眉型、眼影、唇彩、腮红款式，用无线控制器或语音来选择，顾客可以虚拟体验适合自己的妆容。

松下研发的可弯折锂离子电池，厚度仅 0.55mm，试验中弯折一千次之后性能仍几乎不变，能够嵌入卡片及衣物中，未来的可弯折手机或许能应用此类电池。

为了防止患有老年痴呆的人群走丢，日本某城市为这些老年人的手指和脚趾甲盖上粘贴了防走丢二维码。

每个二维码对应此人的个人信息，对寻回走失人员可以起到很大帮助。

日本人设计了一款能穿在身上的椅子。这款名叫 Archelis 的穿戴椅专为长期需要站立在手术台前的医护人员设计。整体由支架和绑带组成，穿上它，在需要休息的时候大胆坐下即可，缓解长时间手术过程中的肌肉劳损。

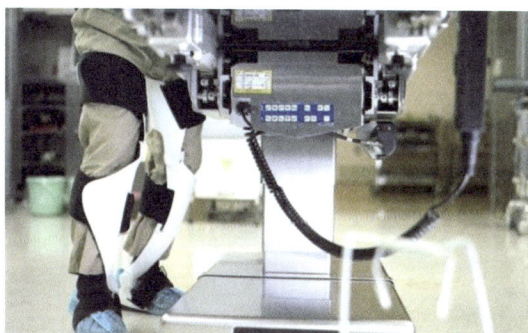

3. 科技在交通领域中的应用

日本是最早生产制造氢能源汽车的国家之一。下图是本田 2016 年发售的一款名叫 Clarity 的氢燃料汽车。Clarity 仅依靠氢能源驱动，其最终排放产物只有对环境无害的水。

丰田这辆 Concept-i 概念车亮相 CES 消费电子展，造型未来感十足，搭载先进的人工智能系统，具备自主学习能力。该车支持自动和手动两种驾驶模式，通过大量先进的自动化技术，可以实时监控两种模式下车轮后方所发生的情况，保护驾驶员的行车安全。

活动

活动 1：查一下至今为止日本获得诺贝尔奖的人数，看看他们的目标的完成情况吧。

活动 2：讨论一下日本从模仿到创新的历史历程给了我们怎么样的启示。

活动 3：了解一下日本科技如今又有怎么样的新进展，以及是如何改变人们的生活的。

第二节　现代日本流行文化

日本历来被公认为是融合东西方文明而受益匪浅的成功范例。日本独特的地理条件和悠久的文化历史，孕育了别具一格的日本文化。同样，现今的日本文化以时尚为主题，以日本动漫、COSPLAY、音乐等为首的青少年流行文化对整个世界产生了极大的影响。

一、动漫

日本动漫，是日本动画（Anime）和漫画（Manga）的合称，日本动漫凭着剧情的创新和趣味性在全球占有着重要地位，是世界动漫文化的领军人。

日本动漫发展到今天，商业化程度已经达到极致，成为了日本的第三大支柱产业。日本动漫产量惊人。每个月都有大量动漫作品问世。日本社会生活和精神状态的方方面面都在这些动漫作品中充分展现。因此日本动漫可以成为我们了解日本的一个重要窗口。

1. 科技带来的日本动漫产业革命

"满是纸笔与伏案工作的漫画家"，这是大部分人们对于传统动漫行业的刻板认知。然而，随着科技的发展进步，目前的动漫分为手绘动漫和电脑动漫。手绘即为原始的绘制漫画的方式，用手在纸上作画。电脑绘制又叫做"板绘"，一般是使用液晶平板电脑和数位板绘画。其实无论是手绘还是板绘，最后如果要制作成动漫，都会使用到电脑技术。随着科技进步，加上手绘所需的人力成本、时间成本过高，世界上的大部分动漫制作已转移至板绘。根据日本漫画网站的 2021年 11 月 30 日的漫画家实况调查问卷显示，九成的专业漫画家都在使用板绘，其中约六成的受访者表示在动漫制作中全部使用板绘。

不过，日本的板绘使用率相比其他国家其实并不算很高，因为很多日本漫画家始终认为手绘有着板绘没有的温暖感和扣人心弦的力量。宫崎骏便是其中一位至始至终坚持手绘动漫的漫画家、动画制作人。2008 年上映的《崖上的波妞》为宫崎骏执导、吉卜力工作室制作的动画电影。据报道，该动画全片累计 17 万 653张手稿，在该动画的 4 年制作时间里，年近 70 岁的宫崎骏每天坚持画 12 个小时，仅 5 秒的画面都要耗费一周完成。从日本很多漫画家坚持手绘这一方面，我们也可窥见到日本人的"匠人精神"。

2. 动画制作流程

日本对于动画制作，目前已经形成了产业内固定的流程。不同的动漫公司在部分细节上可能会有细微出入，但大致可以简单分为以下四个步骤。

（1）企画·脚本·原案

动画从企画开始，之后由脚本家负责写台本（剧本）。完成后的台本要经过制作相关人员的确认，反复修改直至合格。然后开始分镜制作，完成故事整体的画面构成。

（2）角色设计·印象板

制作登场人物的设计和可以表现故事世界观的画。当该动画有游戏或者漫画原作之时，也需要将角色改为适合动画使用的形象。因为动画需要让角色动起来，所以有必要省略一些细节部分。此外，不仅仅是改变角色设计，有时候也需要更改性别、年龄等。印象板是表现世界观的东西，所以必须细致周密地描绘。时代设定、舞台国家的背景设定等都必须让制作人员充分理解。

（3）分镜·作画·色彩

台本、角色设计、世界观确定后，就是画面的制作了。原创动画以分镜为基础，补充绘制角色动起来的串联画面。由演出、作画导演、总作画导演等进行确认，并提高画的品质。然后由动画师制作动画，动画完成后由色彩担当人员涂色。

（4）摄影·编辑

作画完成后，经过编辑作业成映像。现在流行在制作映像的时候加入"特殊效果"（如谐调处理、效果处理等）。最后成品加入相应的 OP（片头曲）、ED（片尾曲）和赞助商等内容。

日本动漫代表人物：

宫崎骏是日本著名动画片导演，1941 年 1 月 5 日生于东京。

宫崎骏是日本动画界的一个传奇，可以说没有他的话，日本的动画事业会大大地逊色。他是第一位将动画上升到人文高度的思想者，同时也是日本三代动画家中，承前启后的精神支柱。宫崎峻的动画片是能够和迪斯尼、梦工厂共分天下的一支重要的东方力量。宫崎峻的每部作品，题材虽然不同，但却将梦想、环保、人生、生存这些令人反思的讯息融合其中。宫崎骏在全球动画界具有无可替代的地位，迪斯尼称其为"动画界的黑泽明"，获奖无数。他和大友克洋、押井守并称为"日本动画导演三巨头"。

二、COSPLAY

COSPLAY 主要是指扮演动漫或者游戏中登场的人物或者角色的行为。在 COSPLAY 圈，通常把进行 COSPLAY 的人称作 Coser。在日本的许多繁华街道上或是一些动漫节日时，常常可以看到打扮成动漫人物模样的年轻人。也许是因为热爱动漫，又或者是热衷角色扮演，还有些是出于商业性质的动漫宣传，总之，年轻人们在这样的大环境下形成了这种叫作 COSPLAY 的爱好。

漫展，即动漫展，通常是 Coser 一起活动的聚集地，是指 ACG 文化（ACG 为英文 Animation Comic Game 的缩写，是动画、漫画、游戏的总称）相关的展会。在漫展上，除了 Coser，还会有贩卖动漫周边产品的商业摊位、拍摄 Coser 的摄影师，以及主办方的工作人员等。早期的漫展大多是由科幻小说集会发展而来，具有社团、粉丝交流的作用，是当时动漫爱好者最重要的交流活动。其中同人展，又叫作同人志即卖会，是日本发源的漫展类型，这里的活动核心为相同爱好者们进行同人志（即自制印刷物）的发布和交流。同人展上的商业摊位通常只贩卖同人志，COSPLAY 属于附属活动。日本 1975 年 12 月 21 日第一次召开的 Comic market，现如今是目前世界上最大规模的同人即卖会，通常在每年的 8 月和 12 月举办。

三、J-POP

　　J-POP 一般是指日本流行音乐，英文为 Japanese Pop。J-POP 一词源于日本广播局 J-WAVE，大约诞生于 1988 年后半年至 1889 年左右。最初，J-POP 只是 J-WAVE 的内部用语，是对日本主流流行音乐的简称。演变至今，除演歌以外的日本主流流行音乐都被归类为 J-POP。虽然 J-POP 中还存在摇滚、嘻哈、偶像歌曲等副类别，但相对来说还是较为限定的用语。

　　在 J-POP 一词诞生以前，20 世纪 80 年代的日本掀起了一股音乐热潮，涌现了一批我们耳熟能详的歌手，如松田圣子、中森明菜、中山美穗等。同时，这时的很多音乐都被翻唱成了中文歌，间接推动了中国流行音乐的发展，也促使了 J-POP 一词的诞生。

　　J-POP 诞生之后，首先成为 J-POP 代表的是涩谷系的音乐家们，所作音乐不断蝉联日本流行音乐榜首。到 20 世纪 90 年代，CD 进入音乐市场，涌现出了多位颇具代表的歌手，如安室奈美惠等，创造了日本音乐产业的繁荣时期。

　　如今 21 世纪的 J-POP 主要流行在 YouTube（社交媒体）和 TikTok（国际版抖音）等网络平台，为日本音乐进军世界而蓄力。

活动

　　1. 结合本节内容比较一下中国和日本在现代流行文化方面的异同，看看你能找出哪些共同之处以及不同之处。

　　2. 你身边能看到哪些日本流行文化的影子？大家对它的评价如何？

　　3. 你觉得为什么日本的文化产业能发展到现在这样的水平？给我们怎么样的启示？

　　4. 小组讨论后和大家分享一个你所喜欢的日本文化作品吧。

第三节　精致的商品

　　旅游购物本身就是一种旅游资源，提供丰富的旅游购物资源来满足游客的购物体验需求，已成为众多旅游目的地最具吸引力的内容之一。旅游商品是旅游购物资源的核心，也是吸引游客旅游购物的根源。

一、食物

1. 日式点心

　　日式点心类似于中国的点心，种类繁多，品相优美，味道极佳。并且常推出季节限定或者地区限定的精美包装，非常适合赠送亲朋好友。

2. 鱼干

　　日本作为岛国，国土面积较小，农业受限，但位于太平洋西北部，有较为丰富的海洋资源，为了方便保存，就会将过多的海鲜做成干货，海鲜干货种类很多，常见的有：干贝、鱼胶、鱿鱼干、鱼翅等。价格也五花八门，高中低档次的都有，其中北海道鱼干较为出名，并且日本全国有售。

3. 清酒、威士忌

　　清酒是日本的国酒，在日本的地位就像白酒在中国一样。近年来，日本的威士忌也越来越受到好评。

二、化妆品

1. 开架彩妆

　　日本的开架彩妆物美价廉，种类丰富，目前流行的有 KATE、CANMAKE、KAI、Kiss Me、KOSE 等平价品牌。购买便捷，在各大超市和药妆店均有售，深受日本学生群体和初入职场的女生的喜爱。

2. 药妆店

　　在日本热闹的街市，大街小巷随处可见的就是药妆店。药妆店主要售卖非处方药和各种各样的化妆品与护肤品。一些在中国热销的面膜、洗面奶等产品均可在此找到。不少大城市的药妆店里开始配备中国店员或者会说中文的店员。

3. 日本知名品牌

　　日本一些较为昂贵的品牌主要在百货商店的专柜售卖。中日人民的肤质较为相近，因此日本的护肤和彩妆日益受中国顾客的青睐，一些日本知名化妆品品牌也不断入驻中国，打开了中国市场。例如近几年流行的 SK-II、奥尔滨、茵芙莎等。

三、手工艺品

1. 人偶

日本人对于人偶怀有一种特别的情感，因而孕育了自身独特的传统人偶文化。即使到了现代，日本人对于人偶的喜爱，我们也能从动漫作品中衍生出来的"手办"文化中窥见一斑。

在日本的旅游纪念品中，有一种体型小巧的人偶大受欢迎。这种被称为"小木偶人"的木质人偶，在细长的圆柱状身体上有一个圆圆的头部，呈现出一种独特的造型。原本只是小女孩们的玩具，但随着不同形式的花纹和造型的增加吸引了世人的关注，现在作为成年人的观赏品也大受欢迎。在东京浅草的仲见世商店街上，就有许多家贩卖"小木偶人"的特产店。有的仅售1000日元左右，因其小巧精致，所以非常适合作为礼物。

在九州首屈一指的商业城市福冈县的博多，有一种传统的工艺品"博多人偶"。制作时先将粘土制成的人偶烧制成型，再用油画颜料等进行着色。以其光滑白皙的肌肤和笔触温和的色彩感著称。目前被销售往海外各国，是日本代表性的土质人偶。

2. 漆器和陶器

日本的漆器制作精细，具有很强耐久性，送给亲戚朋友，体面又大方。盘子、花瓶和茶具以及高档陶器艺术品都是理想的纪念品。

日本漆器在日本已经发展得很好。早在公元前二百多年中国的漆艺就开始流传到日本，由于地理环境相似，天然漆的资源丰富，日本也组织起了漆器生产，并逐渐形成了日本独特的漆艺行业。

日本陶器是日本原装生产，手感舒适，款式新颖多样，有的色彩鲜艳，有的古典优雅，有的高贵典雅。日本陶器，有美浓烧、友田烧、信乐烧等类型，均为手工制作。

日本瓷器的发展自应永时代到昭和时代共经历了

五百多年的历史，烧瓷行业在不断地发展，技术也在不断地进步，有的已经达到了很高的水平。

3. 折扇和灯笼

明治时代，日本的折扇成为畅销的贸易商品之一，出口欧洲不少国家。那时，扇子由纸面发展为绢面，很受人们欢迎。待到大正时代，扇子已成为庶民百姓的日常用品，而且在祭祀、宗教法会、民俗活动中被广为使用。

日本灯笼是日本一个特色产品。做灯笼先要做好木制的架子，然后把彩色画糊到架上。灯笼很大，有的高约五六米。灯笼内部装有好多电灯，一个灯笼轻则几百斤，重则几千公斤。做一个灯笼一般要好几个月。

4. 寄木细工

寄木细工。是通过各种树种的组合，并利用其颜色的不同来描绘出各种各样图案的一种木工技艺。其中，神奈川县箱根的传统工艺品尤为有名，至今有两百多年的历史。箱子上贴着的不是装饰纸，而是薄木片。

　　工匠们一般会挑选具有丰富色彩的木材，例如檀木、胡桃木、樱花木、漆木，将它们切成大小均等可拼接的细木条后精心打磨平整，再用木工胶将其拼接成呈现不同的几何图案的木块。之后再将这些基础花纹木块风干后再次拼合，得到工匠们想要的图案纹理，进而可以根据寄木细工的最终用途进行刨制。

5. 达摩

　　日本电视电影、动漫、游戏中常常出镜的这个矮矮胖胖的达摩，它作为放在家中长期祈愿的摆件深受欢迎。在江户时代后期，农民将制作达摩变成一种副业。达摩的眉毛象征"鹤"、胡须则代表"龟"，龟与鹤都是长寿的动物，也意味着龟鹤延年。

　　达摩的颜色以红黑白居多，突出传统手绘线条的简单脸型，既有活力又能感受到手工匠人们精心绘制的表情。不过现在越来越多的地方可以自己动手手绘达摩的面部。达摩也从传统的祈福摆件变成了更日常、更具有装饰性的物件。

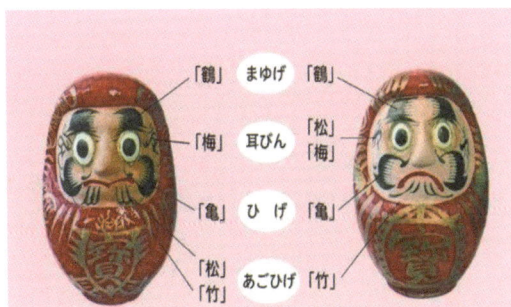

四、仪器仪表

1. 光学仪器

照相机、摄像机以及镜头和附件、望远镜和显微镜等都是品质上乘、价格适中的产品。受欢迎的牌号有精工牌和星辰牌，在饭店的购物商场和首饰商店以及百货公司都有出售。

2. 手表

卡西欧将高、精、尖的科技结合新型液晶技能，恰当地运用于腕上计时，不断地提高腕上计时的发展水平，其一贯以来所倡导的"腕上科技"精神在中国国内也得以沿袭和传播。

西铁城是全球知名腕表品牌，以为全世界全体公民提供高档次的产品和高水准的服务为使命，希望通过"为市民所喜爱，为市民所亲近"的产品，为全人类的美好生活做贡献。

精工是日本一家著名的制表公司，是日韩地区最大的手表机芯制造和供应商，也是日本最早的成品腕表制造商。

五、服饰

1. 和服

制作和服时采用了精细的染工技术、刺绣和编织技术。和服是日本的传统服装，一件正宗和服的价钱可以达上万元人民币。这样的和服不便于日常穿着，我们可以选购改良后的和服，一样不失风情。

2. 时装

日本也是引领亚洲少男少女潮流的一个地方，目前中国社会把日本品牌的服装称之为日系服装，日系服装中的少女品牌一般以甜美风格为主，而日常服饰主打简约感。这里当然会有许多名牌服装。日本人生活水平比较高，国际知名品牌也愿意进驻这里。

> **活动**
>
> 　　1. 结合本节内容比较一下中国和日本的这些商品，你会更倾向于买哪个？
>
> 　　2. 查一下你的家乡的商品，如果有日本友人来，你会如何向他们推荐，或会送给他们什么？
>
> 　　3. 如果你去日本游玩，你会买什么礼品带给你的亲朋好友？

　　一起来了解一下日本的氢能源汽车。科技改变生活，相信会有越来越多的清洁能源汽车登场，你们觉得在不久的未来，我们的出行会有什么样的改变呢？